马克思主义经典著作解读丛书

Makesi Zhuyi Jingdian Zhuzuo Jiedu Congshu

主编 / 王为全

工人阶级革命的“圣经”

《资本论》（第1卷）解读

刘志丹◎著

中国出版集团
现代出版社

图书在版编目(CIP)数据

工人阶级革命的“圣经”：《资本论》(第1卷)解读 / 刘志丹著. —北京：现代出版社，2016.1（2025.1重印）

ISBN 978-7-5143-1562-2

Ⅰ.①工… Ⅱ.①刘… Ⅲ.①《资本论》-马克思著作研究 Ⅳ.①A811.23

中国版本图书馆CIP数据核字(2014)第071979号

作　者	刘志丹
责任编辑	王敬一
出版发行	现代出版社
通讯地址	北京市安定门外安华里504号
邮政编码	100011
电　话	010-64267325 64245264(传真)
网　址	www.1980xd.com
电子邮箱	xiandai@cnpitc.com.cn
印　刷	三河市嵩川印刷有限公司
开　本	700mm×1000mm 1/16
印　张	12
版　次	2016年1月第1版 2025年1月第3次印刷
书　号	ISBN 978-7-5143-1562-2
定　价	48.00元

前　言

2013 年的五四青年节，习近平总书记在同各界优秀青年代表座谈时，对广大青少年给予了高度肯定。他指出，青年最富有朝气、最富有梦想，青年兴则国家兴，青年强则国家强，青年一代有理想、有担当，国家就有前途，民族就有希望，中华民族伟大复兴终将在广大青年的接力奋斗中变为现实。为此，广大青年一定要坚定理想信念，因为理想指引人生方向，信念决定事业成败。

坚定理想信念，就是坚定对马克思主义的信仰，对社会主义和共产主义的信念，这是广大青少年实现中华民族伟大复兴中国梦的终极精神动力与思想源泉。要坚定理想信念，必须首先理解它。那么，如何理解并深刻领会马克思主义的核心内容与精神实质？这就是本书所要解决的根本问题。

阅读《资本论》是广大青少年从总体上理解和把握什么是马克思主义的根本途径之一。这是因为《资本论》是马克思主义的百科全书，是马克思进行资本主义批判研究的巅峰巨著，几乎涵盖了马克思主义的绝大部分核心观点与理论内容。它通过全面分析资本主义生产方式，深刻揭示了资本主义社会发展的基本规律与历史命运，即资本主义必然灭亡，社会主义必然胜利，资本主义必然被社会主义所代替。由于历史和现实的多重原因，马克思的原著乍看上去都十分晦涩难懂，高不可攀，《资本论》更是如此。这就为广大青少年阅读《资本论》，理解马克思主义带来了不小的障碍。有鉴于此，本书以马克思主义内容与新媒体版式设计相结合为主要表现形式，以简明通俗的语言表述与强烈的现实关怀为主要表达方式，通过理论与实践、历史与现实的交互融通，力求达到理论化、通俗化、简明化表达《资本论》核心内容与基本原理的目的。从而使广大青少年在轻松的知识学习氛围中，坚定对马克思主义的信仰，对社会主义和共产主义的信念，为全面建成小康社会和实现中华民族伟大复兴的中国梦而努力奋斗。

由于篇幅所限，本书主要解读《资本论》第一卷。

《资本论》第一卷主要研究资本的生产过程，其实质是剩余价值的生产过程，是资产阶级榨取无产阶级创造的剩余价值的过程，马克思在这里主要分析了剩余价值生产的前提，剩余价值的生产过程，以及剩余价值转化为资本等问题。由于资本的生产过程就是剩余价值的生产过程，所以，它一方面再生产出资本家，另一方面，又再生产出雇佣劳动者。因此，资本的生产过程又是资本主义生产关系的生产过程，是无产阶级与资产阶级关系的生产过程，是阶级矛盾的生产过程。总之，马克思通过《资本论》第一卷对资本主义生产过程的分析，揭示了剩余价值的运动规律及其作用，从而深刻揭露了资本主义生产关系的剥削本质，阐明了无产阶级和资产阶级之间阶级斗争的经济根源，指出了无产阶级革命的历史必然性。

从《资本论》第一卷的篇章结构来看，它以剩余价值的生产为中心，共有7篇，25章，大体上可分为三大部分。

第一部分是第一篇商品和货币，论述劳动价值理论。这一部分以一般商品生产为对象，以劳动价值论为中心，分析商品到货币的转化，这是研究资本和剩余价值生产的前提和出发点。第一篇分析的是资本主义生产过程的理论前提和历史前提。

第二部分是第二篇至第六篇，论述剩余价值理论。这是以资本主义商品生产为对象，研究剩余价值的生产过程，也就是分析货币转化为资本和资本占有剩余价值的问题。这是第一卷研究的中心。第二篇至第六篇之间的关系是：第二篇货币转化为资本，以劳动力成为商品为中心分析剩余价值生产的基础；第三篇和第四篇分析剩余价值的源泉、生产过程和方法，揭示资本主义生产的实质；第五篇绝对剩余价值和相对剩余价值的生产，把第三、第四两篇综合起来进行比较分析；第六篇揭示资本主义工资的实质以及资本家如何利用工资形式作为进一步榨取剩余价值的手段，是剩余价值理论的继续和补充。总之，第二部分是分析剩余价值的生产过程。其中，第二篇为分析剩余价值提供基础；第三篇和第四篇是剩余价值生产过程本身；第五篇是剩余价值理论的综合分析；第六篇是剩余价值理论的继续和补充。

第三部分是第七篇资本的积累过程，论述资本积累理论。研究剩余价值怎样转化为资本，是对资本主义经济运动规律和历史过程的总结。

由此，本书依照原著的篇章结构顺序依次进行解读：第一章，商品和货币；第二章，货币转化为资本；第三章，绝对剩余价值的生产；第四章，相对剩余价值的生产；第五章，绝对剩余价值和相对剩余价值的生产；第六章，工资；第七章，资本的积累过程。每一章又分为四节。第一节，原著导读。这一部分是对马克思《资本论》第一卷的文本内容的精选，目的在于“原汁原味”地将原著的部分经典内容呈献给广大读者，为大家进一步阅读原著做个铺垫。第二节，理论解读。这一部分是对深奥的原著的主要内容进行的理论说明与解释，目的在于“深入浅出”地将原著的主要核心内容阐释给广大读者。第三节，疑难精读。这一部分是对原著中存在的重要的疑难问题进行重点说明，目的在于“言简意赅”地将原著中的一些重要难题阐释清楚。第四节，扩展阅读。这一部分是通过理论联系实际的方式，运用原著中所阐释的马克思主义基本原理，解释和说明社会生活中出现的一些实际问题。其中，每一章中的第二节“理论解读”部分是全书的核心部分，因此着墨最多。

刘志丹

2014年3月

目　录

第一章 商品和货币

第一节 原著导读

第一章 商 品

资本主义生产方式占统治地位的社会的财富，表现为“庞大的商品堆积”，单个的商品表现为这种财富的元素形式。因此，我们的研究就从分析商品开始。

商品首先是一个外界的对象，一个靠自己的属性来满足人的某种需要的物。这种需要的性质如何，例如是由胃产生还是由幻想产生，是与问题无关的。这里的问题也不在于物怎样来满足人的需要，是作为生活资料即消费品来直接满足，还是作为生产资料来间接满足。

每一种有用物，如铁、纸等等，都可以从质和量两个角度来考察。每一种这样的物都是许多属性的总和，因此可以在不同的方面有用。发现这些不同的方面，从而发现物的多种使用方式，是历史的事情。为有用物的量找到社会尺度，也是这样。商品尺度之所以不同，部分是由于被计量的物的性质不同，部分是由于约定俗成。

物的有用性使物成为使用价值。但这种有用性不是悬在空中的。它决定于商品体的属性，离开了商品体就不存在。因此，商品体本身，例如铁、小麦、金刚石等等，就是使用价值或财物。商品体的这种性质，同人取得它的使用属性所耗费的劳动的多少没有关系。……不论财富的社会的形式如何，使用价值总是构成财富的物质的内容。在我们所要考察的社会形式中，使用价值同时又是交换价值的物质承担者。

交换价值首先表现为一种使用价值同另一种使用价值相交换的量的关系或比例。……由此可见，第一，同一种商品的各种有效的交换价值表示一个等同的东西。第二，交换价值只能是可以与它相区别的某种内容的表现方式，“表现形式”。

……

这种共同东西不可能是商品的几何的、物理的、化学的或其他的天然属性。商品的物体属性只是就它们使商品有用，从而使商品成为使用价值来说，才加以考虑；另一方面，商品交换关系的明显特点，正在于抽去商品的使用价值。在商品交换关系中，只要比例适当，一种使用价值就和其他任何一种使用价值完全相等。

……

如果把商品体的使用价值撇开，商品体就只剩下一个属性，即劳动产品这个属性。可是劳动产品在我们手里也已经起了变化。如果我们把劳动产品的使用价值抽去，那么也就是把那些使劳动产品成为使用价值的物体的组成部分和形式抽去。它们不再是桌子、房屋、纱或别的什么有用物。它们的一切可以感觉到的属性都消失了。它们也不再是木匠劳动、瓦匠劳动、纺纱劳动或其他某种一定的生产劳动的产品了。随着劳动产品的有用性质的消失，体现在劳动产品中的各种劳动的有用性质也消失了，因而这些劳动的各种具体形式也消失了。各种劳动不再有什么差别，全都化为相同的人类劳动，即抽象人类劳动。

现在我们来考察劳动产品剩下来的东西。它们剩下的只是同一的幽灵般的对象性，只是无差别的人类劳动的单纯凝结，即不管以哪种形式进行的人类劳动力耗费的单纯凝结。这些物现在只是表示，在它们的生产上耗费了人类劳动力，积累了人类劳动。这些物，作为它们共有的这个社会实体的结晶，就是价值——商品价值。

……

社会必要劳动时间是在现有的社会正常的生产条件下，在社会平均的劳动熟练程度和劳动强度下制造某种使用价值所需要的劳动时间。

……

可见，只是社会必要劳动量，或生产使用价值的社会必要劳动时间，决定该使用价值的价值量。在这里，单个商品是当作该种商品的平均样品。因此，含有等量劳动或能在同样劳动时间内生产出来的商品，具有同样的价值量。一种商品的价值同其他任何一种商品的价值的比例，就是生产前者的必要劳动时间同生产后者的必要劳动时间的比例。

……

总之，劳动生产力越高，生产一种物品所需要的劳动时间就越少，凝结在该物品中的劳动量就越小，该物品的价值就越小。相反地，劳动生产力越低，生产一种物品的必要劳动时间就越多，该物品的价值就越大。可见，商品的价值量与实现在商品中的劳动的量成正比地变动，与这一劳动的生产力成反比地变动。

一个物可以是使用价值而不是价值。在这个物不是以劳动为中介而对人有用的情况下就是这样。例如，空气、处女地、大然草地、野生林等等。一个物可以有用，而且是人类劳动产品，但不是商品。谁用自己的产品来满足自己的需要，他生产的虽然是使用价值，但不是商品。要生产商品，他不仅要生产使用价值，而且要为别人生产使用价值，即生产社会的使用价值。最后，没有一个物可以是价值而不是使用物品。如果物没有用，那么其中包含的劳动也就没有用，不能算作劳动，因此不形成价值。

……

上衣、麻布等等使用价值，简言之，种种商品体，是自然物质和劳动这两种要素的结合。如果把上衣、麻布等等包含的各种不同的有用劳动的总和除外，总还剩有一种不借人力而天然存在的物质基质。……因此，劳动并不是它所生产的使用价值即物质财富的唯一源泉。正像威廉·配第所说，劳动是财富之父，土地是财富之母。

……

一切劳动，一方面是人类劳动力在生理学意义上的耗费；就相同的或抽象的人类劳动这个属性来说，它形成商品价值。一切劳动，另一方面是人类劳动力在特殊的有一定目的的形式上的耗费；就具体的有用的劳动这个属性来说，它生产使用价值。

……

一个商品的简单的或个别的相对价值形式使另一个商品成为个别的等价物。扩大的相对价值形式，即一个商品的价值在其他一切商品上的表现，赋予其他一切商品以种种不同的特殊等价物的形式。最后，一种特殊的商品获得一般等价形式，因为其他一切商品使它成为它们统一的、一般的价值形式的材料。

……

可见，商品形式的奥秘不过在于：商品形式在人们面前把人们本身劳动的社会性质反映成劳动产品本身的物的性质，反映成这些物的天然的社会属性，从而把生产者同总劳动的社会关系反映成存在于生产者之外的物与物之间的社会关系。由于这种转换，劳动产品成了商品，成了可感觉而又超感觉的物或社会的物。……相反，商品形式和它借以得到表现的劳动产品的价值关系，是同劳动产品的物理性质以及由此产生的物的关系完全无关的。这只是人们自己的一定的社会关系，但它在人们面前采取了物与物的关系的虚幻形式。因此，要找一个比喻，我们就得逃到宗教世界的幻境中去。在那里，人脑的产物表现为富有生命的、彼此发生关系并同人发生关系的独立存在的东西。在商品世界里，人手的产物也是这样。我把这叫作拜物教。劳动产品一旦作为商品来生产，就带上拜物教性质，因此拜物教是同商品生产分不开的。

商品世界的这种拜物教性质，像以上分析已经表明的，是来源于生产商品的劳动所持有的社会性质。

……

第二章 交换过程

……

商品占有者的商品对他没有直接的使用价值。否则，他就不会把它拿到市场上去。他的商品对别人有使用价值。对他来说，他的商品直接有的只是这样的使用价值，它是交换价值的承担者，从而是交换手段。所以，他愿意让渡他的商品来换取其使用价值为他所需要的商品。一切商品对它们的占有者是非使用价值，对它们的非占有者是使用价值。因此，商品必须全面转手。这种转手就形成商品交换，而商品交换使商品彼此作为价值发生关系并作为价值来实现。可见，商品在能够作为使用价值实现以前，必须先作为价值来实现。

另一方面，商品在能够作为价值实现以前，必须证明自己是使用价值，因为耗费在商品上的人类劳动，只有耗费在对别人有用的形式上，才能算数。但是，这种劳动对别人是否有用，它的产品是否能够满足别人的需要，只有在商品交换中才能得到证明。

……

货币结晶是交换过程的必然产物。在交换过程中，各种不同的劳动产品事实上彼此等同，从而事实上转化为商品。交换的扩大和加深的历史过程，使商品本性中潜伏着的使用价值和价值的对立发展起来。为了交易，需要这一对立在外部表现出来，这就要求商品价值有一个独立的形式，这个需要一直存在，直到由于商品分为商品和货币这种二重化而最终取得这个形式为止。可见，随着劳动产品转化为商品，商品就在同一程度上转化为货币。

……

随着商品交换日益突破地方的限制，从而商品价值日益发展成为一般人类劳动的化身，货币形式也就日益转到那些天然适于执行一般等价物这种社会职能的商品身上，即转到贵金属身上。

……

第三章　货币或商品流通

……

金的第一个职能是为商品世界提供表现价值的材料，或者说，是把商品价值表现为同名的量，使它们在质的方面相同，在量的方面可以比较。这样，金执行一般的价值尺度的职能，并且首先只是由于这个职能，金这个独特的等价商品才成为货币。

商品并不是由于有了货币才可以通约。恰恰相反。因为一切商品作为价值都是对象化的人类劳动，从而个身可以通约，所以它们能共同用一个独特的商品来计量自己的价值，这样，这个独特的商品就转化为它们共同的价值尺度或货币。货币作为价值尺度，是商品内在的价值尺度即劳动时间的必然表现形式。

……

作为商品流通的中介，货币取得了流通手段的职能。

……

商品流通的结果，即一个商品被另一个商品所代替，似乎不是由商品本身的形式变换引起的，而是由货币作为流通手段的职能引起的，似乎正是作为流通手段的货币使本身不能运动的商品流通起来，使商品从把它们当作非使用价值的人手里转到把它们当作使用价值的人手里，并且总是朝着同货币本身运动相反的方向运动。货币不断使商品离开流通领域，同时不断去占据商品在流通中的位置，从而不断离开自己的起点。因此，虽然货币运动只是商品流通的表现，但看起来商品流通反而只是货币运动的结果。

……

作为价值尺度并因而以自身或通过代表作为流通手段来执行职能的商品，是货币。因此，金（或银）是货币。金作为货币执行职能，一方面是在这样的场合：它必须以其金体（或银体）出现，因而作为货币商品出现，就是说，它不像在充当价值尺度时那样纯粹是观念的，也不像在充当流通于段时那样可以用别的东西来代表；另一方面是在这样的场合：它的职能——不论由它亲自执行，还是由它的代表执行——使它固定成为唯一的价值形式，成为交换价值的唯一适当的存在，而与其他一切仅仅作为使用价值的商品相对立。

……

随着商品流通本身的最初发展，把第一形态变化的产物，商品的转化形态或它的金蛹保留在自己手中的必要性和欲望也发展起来了。出售商品不是为了购买商品，而是为了用货币形式来代替商品形式。这一形式变换从物质变换的单纯中介变成了目的本身。商品的转换形态受到阻碍，不能再作为商品的绝对可以让渡的形态或作为只是转瞬即逝的货币形式而起作用。丁是货币硬化为贮藏货币，商品出售者成为货币贮藏者。

……

随着商品流通的发展，使商品的让渡同商品价格的实现在时间上分离开来的关系也发展起来。……某些种类的商品例如房屋的使用权是出卖一定期限的。买者只是在期满时才真正取得了商品的使用价值。因而他先购买商品，后对商品支付。一个商品占有者出售他现有的商品，而另一个商品占有者却只是作为货币的代表或作为未来货币的代表来购买这种商品。支者成为债权人，买者成为债务人。由于商品的形态变化或商品的价值形式的发展在这里起了变化，货币也就取得了另一种职能。货币成了支付手段。

……

货币一越出国内流通领域，便失去了在这一领域内获得的价格标准、铸币、辅币和价值符号等地方形式，又恢复原来的贵金属块的形式。在世界贸易中，商品普遍地展开自己的价值。因此，在这里，商品独立的价值形式，也作为世界货币与商品相对立。只有在世界市场上，货币才充分地作为这样一种商品执行职能，这种商品的自然形式同时就是抽象人类劳动的直接的社会实现形式。

第二节 理论解读

一、为什么从分析商品开始

马克思指出：“资本主义生产方式占统治地位的社会的财富，表现为‘庞大的商品堆积’，单个的商品表现为这种财富的元素形式。因此，我们的研究就从分析商品开始。”

马克思之所以从分析商品开始，原因在于以下3个方面：

第一，商品是资本主义社会里存在的最普通最基本的形式。其实，早在资本主义产生之前，商品生产就已经出现了。但是，只有在资本主义社会中，它才发展成为普遍的、占统治地位的生产形式。资本主义生产是最发达的商品生产，是商品生产的最高形式。商品关系已经渗透到社会生活的各个领域，它是这个社会最大量和最普遍的关系。探求资本主义的本质也必须从它所具有的最大量、最普遍的现象出发。正如列宁

明了商品和价值在历史上的暂时性特征。

一般说来，人们都能认识到商品是用于交换的劳动产品，但是，当有人问，放在市场上卖的“商品”为什么有人买？它的价格又是如何形成的？这个问题并不是每个人都能回答上来的。

马克思找到了正确的答案，那就是商品所具有的两个因素：使用价值和价值。

（一）使用价值

从专业术语角度说，使用价值是商品能够满足人们某种需要的属性。商品的使用价值是由它的自然属性决定的。使用价值是物品的自然属性，是构成社会财富的物质内容，是人类社会赖以生存和发展的物质基础。

“使用价值”一词虽然平常不大使用，却绝非难以理解的专门术语。通俗说来，使用价值就是指事物所具有的用途和用处，即事物的有用性。“物的有用性使物成为使用价值。”比如说刀是裁纸用的，筷子是吃饭时用来夹东西的，汽车是为了上下班使用的，酒是为了调节情绪而喝的。正是因为使用价值我们才购买东西。人们通常说“人们通过使用价值满足自己的需要”，也就是说有自己要做的事，所以买来东西使用。为了烹饪买刀，为了吃饭使用筷子，因为工作路途远而买家用轿车，到了晚上为了调节自己的情绪而喝酒。

不同的物品当然具有不同的使用价值，正如上面的举例，筷子、汽车和酒具有不同的用处。但是，即便使用完全相同的东西，对于每个人来说其使用价值也可能是不同的，也就是说，同一物品也可以有多种使用价值。例如，同样是这把刀，有的人用这把刀来做菜，有的人正如在犯罪电影中看到的，把它用作团伙作案的工具。同样是这副筷子，多数人都是吃饭时才使用，也有少数人用它来做艺术品。同样是喝酒，有的人喝酒不是为了调节情绪，而是因为习惯而喝酒。这是随着生产力的发展以及科学技术的进步而逐步发现的。

需要说明的是，假定有一个因为没有货币而进行物品和物品直接交换（物物交换）的社会。人们之所以进行物物交换，是由于人们之间各自拥有不同的东西。一个人拥有新鲜的蔬菜和水果，另外一个人拥有漂亮的衣服和狩猎的弓箭，两个人之间就存在进行物物交换的可能性。也就是说只有拥有使用价值完全不同的东西，交换才有可能。如果两个人都有新鲜的蔬菜和水果，经过千辛万苦来到交换场所，发现两个人都有一样的东西，他们之间是不会产生交换行为的。如果这样做，既浪费时间和精力，由没有任何意义。因此，交换是在使用价值不同的东西之间进行。

总之，使用价值就是东西的用处，也就是用途。在资本主义条件下，商品的使用价值不仅表现为劳动产品的使用价值，还表现为满足别人和社会的需要的使用价值。没有使用价值的东西不能进行交换，当然也不会成为商品。换言之，当人们要做某件事的时候，看到某种东西具有他想要的使用价值时，他才购买那个东西。拥有完全不同的使用价值的东西的人们之间才能进行物物交换，即交换在使用价值不同时才会进行。

那么，使用价值是如何产生的呢？按照马克思的观点，劳动的二重性决定了商品的二因素，即具体劳动生产使用价值，抽象劳动生产价值。“一切劳动，一方面是人类劳动力在生理学意义上的耗费；就相同的或抽象的人类劳动这个属性来说，它形成商品价值。一切劳动，另一方面是人类劳动力在特殊的有一定目的的形式上的耗费；就具体的有用的劳动这个属性来说，它生产使用价值。”具体一点说，商品是劳动产品，而生产商品的劳动又区分为具体劳动和抽象劳动。其中，具体劳动是生产一定使用价值的具体形式的劳动，是有用劳动，即使用价值来源于具体劳动。

如何理解“具体劳动”？其实很简单，它指的就是劳动的具体形式，如劳动工具、劳动对象、劳动方法以及产品等。例如，一个铁匠耗费了他的体力，耗费了他制造锄头的智力，通过具体的打铁劳动，制造出锄头，锄头的使用价值是能够用于锄地。如果换个只会种地的农民，他之所以做不出锄头，是因为二者的劳动力，即生理学意义上的体力和智力不同。所以，凝结在产品上的技能就不同，因而产品的使用价值也就自然不同。凝结在锄头上的具体劳动是铁匠的打铁技艺，而凝结在小麦上的具体劳动是农民的种地技艺。

当然，说“具体劳动生产使用价值”并不等于说“具体劳动是生产使用价值的唯一源泉”。正如马克思所说：“劳动并不是它所生产的使用价值即物质财富的唯一源泉。正像威廉·配第所说，劳动是财富之父，土地是财富之母。”因为，仅仅依靠具体劳动是生产不出来使用价值的，具体劳动必须在对天然存在的自然物质加工改造的基础上，才能生产出使用价值，正所谓“巧妇难为无米之炊”。

历史小贴士：

威廉·配第的价值理论

威廉·配第（1623—1687），生于英国一个手工业作坊主家庭，14岁就外出谋生，在商船上当见习水手。1964年获得牛津大学医学博士学位，成为医生并兼任皇家医学院教授。后来，由于他曾经担任爱尔兰土地测量分配总监的职务，因而重视经济理论的研究。代表性著作有《赋税论》、《政治算术》、《献给英明人士》、《爱尔兰的政治解剖》和《货币略论》等。

作为英国古典政治经济学的奠基人，配第在理论界首先考察了商品的价值问题，并最先提出劳动决定价值的观点。同时，他也提出了劳动价值理论的一些基本论点。

详细说来，配第的价值理论是在1662年出版的《赋税论》中提出来的。配第价值理论的最主要贡献在于，最先认识到商品价值的源泉是劳动，商品的价值量是由生产商品时所耗费的劳动量（劳动时间）决定的。所以，他说：“自然价值的高低，决定于生产自然必需品所需人手的多少。”商品的价值量与生产商品所耗费的劳动量成正比例关系，与生产商品的劳动生产率成反比例关系。此外，在经济学说史上，配第首先对商品的自然价格和政治价格进行了区分。自然价格实际上是指价值，政治价格实际上就是市场价格。配第所着重研究的是价值，并把它看作是分析其他经济问题的基础。而且，他还初步看到了简单劳动与复杂劳动的区别。

马克思在肯定配第是“最有天才的和最有创见的经济学家”的同时，也指出了他的理论缺陷：“他的例子显然证明，认识了劳动是物质财富的源泉，并不排斥不了解那种使劳动成为交换价值的源泉的特定社会形式。”

（二）价　值

在讲解价值之前，先看个事例。有两个学习摔跤的人，互不认识。各自的教练都指示两个人要增加体重。为了尽快增加体重，就要吃高热量食物。其中一个人家里鸡很多，他每天吃鸡肉；另一个人家里猪很多，每天就吃猪肉。后来，因为总是吃同样的东西，两个人都感到十分腻味，便想找点别的东西吃。只吃鸡肉的人想吃猪肉，一直吃猪肉的人又想吃鸡肉了。为了得到各自想要的东西，两个人的交换就有了可能性。因为鸡肉和猪肉的使用价值不同，只吃鸡肉的人可以满足想吃猪肉的人的需要；只吃猪肉的人可以满足吃鸡肉的人的需要。

现在，彼此之间只要进行相互交换就可以啦。可是，问题出现了，以什么作为交换的根据呢？这时，他们的对话是这样的：“你看这样行不行，我们以猪和鸡谁跑得快作为相互交换的标准怎么样？”鸡的主人提议说。“你说什么？以那个为根据？你不觉得奇怪吗？”猪的主人继续说：“你的意思是说，猪和鸡都有奔跑的能力，可以根据这个标准作为二者比较的根据，是不是？”鸡的主人击掌叫好：“对，没错，我就是这个意思。进行百米竞赛看谁跑得快，如果鸡跑了20秒猪跑了40秒，那么一只鸡换两头猪，你看怎样？”“噢！听起来倒好像是不错的方法。但是，我不干。”

猪的主人为什么不同意呢？因为这个根据不合理。在猪和鸡的交换中，以猪和鸡的赛跑作为根据，无论如何都是有些不妥的。如果按这一根据进行交换，那么一只快速奔跑的小狗就可以换5头慢腾腾的牛了。所以，猪的主人是不会同意按照这个标准进行交换的。

那么，这个“共同的能够作为交换根据的东西”到底指的是什么呢？

马克思告诉了我们答案：这个“共同的能够作为交换根据的东西”就是商品的“价值”。

我们前面对使用价值的解释，说明了“人们之间为什么要相互交换产品”。现在对价值的说明回答的问题是：“两个使用价值完全不同的商品怎样才能实现合理的相互交换？”换言之，两个使用价值完全不同的商品要实现相互交换，二者之间必须存在着某种共同的东西，这种共同的东西可以作为二者相交换的衡量标准。这就是马克思所说的商品的“价值”。价值作为商品的二因素之一，是任何商品都必须具体的属性，是所有商品之间能够相互交换的基础。

使用价值虽然是一个不常使用的术语，但它却是一个比较容易理解的概念。价值虽然是一个经常使用的术语，但它却是一个比较难以理解的概念。一般来说，关于价值一词的使用，人们经常这样说：“某个东西对我有很大的价值。”这样说，意味着商品的价值就是商品的重要性。

真的是这样吗？答案是否定的，这种看法完全误解了马克思的“价值”概念。其实，马克思所说的“价值”内涵层次更深，内容更丰富。

我们前面提到过，按照马克思的观点，劳动的二重性决定了商品的二因素，即具体劳动生产使用价值，抽象劳动生产价值。正如马克思自己所说：“一切劳动，从一方面看，是人类劳动力在生理学意义上的耗费；作为相同的或抽象的人类劳动，它形成商品价值。一切劳动，从另一方面看，是人类劳动力在特殊的有一定目的的形式上的耗费；作为具体的有用劳动，它生产使用价值。”

所以，马克思重点强调的“价值”不是一般的劳动，而是“无差别”的人类劳动，即抽象劳动。严谨一点说，**价值是凝结在商品中的无差别的一般人类劳动，即人类脑力和体力的耗费。**怎样理解“无差别”三个字？先看什么叫有差别的人类劳动吧。它指的是劳动的具体形式，如劳动工具、劳动对象、劳动方法以及产品等。在实际可见的劳动过程中，生产两种商品的具体形式是有差别的，因此不是我们理解的价值。价值指的是生产过程中共通的东西，即人类劳动力的消耗，体力和脑力在生产上的支出，即你生产商品付出了劳动，我生产商品同样也付出了劳动，这才是无差别的人类劳动，才是价值。

简要说来，价值就是人类劳动，无差别的人类劳动。价值越大，付出劳动越多；价值越小，付出劳动越少。

（三）价值量的决定

在说明商品价值量之前，我们先看一个故事。香港经典古装电视剧《射雕英雄传》里有两个人物，一个叫裘千仞，一个叫裘千丈，两个是兄弟，长相极其相似，一般人区分不出来。裘千仞武功高强，一套“铁砂掌”令江湖人士闻之丧胆；裘千丈则武功低微，却喜欢借着他哥哥的名号到处招摇撞骗。别人以为他是心狠手辣的裘千仞，都怕他、躲他。在密室里裘千丈遇到了郭靖和黄容，他玩了许多花招展示自己“高强”的武功，结果和郭、黄二人交上手，立马成为手下败将，西洋镜被戳穿了。在武侠作品中，一个人武功高不高强，不在于你怎样的吹嘘，只要在擂台上过几招，高下立辨。

同样的道理，商品价值的大小，不在于商品生产者怎样去吹嘘，而必须通过交换，由其他商品表现出来。这就涉及到商品的交换价值问题。**所谓交换价值，是指一种使用价值同另一种使用价值相交换的量的关系或比例。**用马克思的原话说：“交换价值首先表现为各种使用价值可以相互交换的量的关系。”用来交换的商品表现为具有不同的使用价值，相同的使用价值进行交换没有意义；而具有不同使用价值的商品的交换是按照一定的比例进行的。比如：1 个面包 = 1 把手枪，即“1 个面包交换 1 把手枪”，则 1 把手枪就是 1 个面包的交换价值。

这时就又出现了一个问题：为什么偏偏用 1 个面包交换 1 把手枪，而不是 10 个面包交换 1 把手枪，或是更多面包交换 1 把手枪呢？

这就涉及到商品价值量的决定问题。所谓价值量就是商品价值的大小。既然商品的价值是人类抽象劳动的凝结，那么，一个商品有多少价值就要看生产它的时候花费了多少劳动。而劳动的量是用劳动时间来计算的，所以，商品价值的大小，是由生产该商品的所花费的劳动时间的多少决定的。

既然商品的价值是由生产商品所耗费的劳动量来决定，那么，由于工具好坏、技术高低、劳动勤劳程度等原因，生产同一种商品的各个生产者，在生产该商品时所耗费的劳动时间就是千差万别的。这时，问题就是“商品的价值由哪个人的劳动时间决定呢”？其实，任何个人的劳动时间都不能决定商品的价值量。如果这样的话，就会出现一个人越懒惰，他制造一个商品所花费的劳动时间越多，生产出来的的商品的价值反而越大。所以，商品价值量的大小，不是由某个商品生产者个人所花费的**个别劳动时间**决定的，而是由**社会必要劳动时间**决定的，也就是由社会平均劳动时间决定的。“社会必要劳动时间是在现有的社会正常的生产条件下，在社会平均的劳动熟练程度和劳动强度下制造某种使用价值所需要的劳动时间。”

商品的使用价值，它本身并不能自我实现，只有通过交换才能实现。这是因为“要生产商品，他不仅要生产使用价值，而且要为别人生产使用价值，即生产社会的使用价值。”而“要成为商品，产品必须通过交换，转到把它当作使用价值的人的手里”。不能通过交换的产品实际上也是没有用的废品。

如何理解“社会必要劳动时间”？从它的定义中，我们可以看到决定社会必要劳动时间主要涉及3个要素：社会正常的生产条件，社会平均的劳动熟练程度，和社会平均的劳动强度。

“社会正常的生产条件”主要是指生产某种商品的客观生产条件，主要是指生产资料，即同一生产部门中提供绝大部分产品的生产者当时所使用的生产条件，一般是中等的生产条件。决定社会必要劳动时间的主观生产条件，是平均的劳动熟练程度和强度，也就是劳动者具有中等的、正常的劳动能力。总之，社会必要劳动时间是在上述条件下，生产单位商品所必要的劳动时间，大体是一个部门中平均的、中等的劳动时间。

例如，假设全社会只有3个生产者生产铅笔，甲花5小时，乙花6小时，丙花7小时。这样，生产铅笔的社会必要劳动就是三者的平均值，即6小时，甲乙丙3个生产者的5、6和7小时就是个别劳动时间。假设1小时劳动值1角钱，一支铅笔的价值就是6角钱。这样，回到现实的社会中，铅笔生产企业甲就属于优等企业，由于它生产单位商品所耗费的个别劳动时间低于社会必要劳动时间，从而个别价值低于社会价值，就能够多赚钱；铅笔生产企业丙就属于劣等企业，由于丙生产单位商品所耗费的个别劳动时间高于社会必要劳动时间，从而个别价值高于社会价值，就形成亏损。而乙则属于中等企业，因为它生产单位商品所耗费的个别劳动时间等于社会必要劳动时间，它属于保本，不赔不赚。

还需要注意的一点是，单位商品的价值量与体现在商品中的劳动成正比，而与劳动生产力成反比。所谓劳动的生产力，始终是指有用的具体劳动的生产力，事实上就是指某种合目的的具体劳动在一定的时间内生产使用价值的效率。所以劳动生产力也可称为劳动生产率。

劳动生产力的变化只会引起使用价值量的变化，却不会引来价值总量的变化，但会引起单位产品价值量的变化。劳动生产力是由各种情况决定的，其中包括：工人的平均熟练程度，科学的发展水平和它在工艺上应用的程度，生产过程的社会结合，生产资料的规模和效能，以及自然条件等。劳动生产率与商品使用价值量和价值量的关系主要有以下3种情况：第一，劳动生产率与商品使用价值量成正比，劳动生产率提高，使用价值量增加；反之、劳动生产率下降，使用价值减少。“在同样的时间内提供的使用价值量会是不同的。生产力提高时就多些，生产力降低时就少些。”第二，劳动生产率与价值总量无关。劳动生产率变化，商品价值总量不变。“不管生产力发生了什么变化，同一劳动在同样的时间内提供的价值量总是相同的。”第三，劳动生产率与单位商品的价值量成反比，劳动生产率提高，单位商品价值下降，反之，劳动生产率下降，单位商品价值提高。“

总之，劳动生产力越高．生产一种物品所需要的劳动时间就越少，凝结在该物品中的劳动量就越小，该物品的价值就越小。相反地，劳动生产率越低，生产一种物品的必要劳动时间就越多，该物品的价值就越大。可见，商品的价值量与体现在商品中的劳动量成正比，与这一劳动的生产力成反比。

三、劳动的二重性

前面我们已经简单提及，商品具有二因素，原因在于生产商品的劳动具有二重性，即同一个劳动过程具有双重属性，一方面劳动是具体的有用的劳动；另一方面劳动又是共同的抽象劳动。由于马克思的劳动二重性原理是理解马克思主义政治经济学的枢纽，所以，我们这里将予以详细解说。

为什么劳动二重性是理解政治经济学的关键呢？原因主要有以下4个方面：第一，只有在劳动二重性原理的基础上，才能建立起科学的完整的劳动价值学说。第二，只有在劳动二重性原理的基础上，才能创造剩余价值学说，才能分析资本主义生产过程的二重性，才能区分不变资本和可变资本。第三，只有在劳动二重性原理的基础上，才能揭示资本主义生产社会化和私人占有制之间的基本矛盾。第四，只有在劳动二重性原理的基础上，才能解决政治经济学理论上的一系列问题，从而建立马克思主义政治经济学的完整的理论体系。

何谓具体劳动？具体劳动就是在一定的具体形式下，在一定的目的、操作方式、对象、手段和结果下所进行的劳动。例如，清洁工清扫大街，需要使用清扫车、扫帚等工具，经过清扫、洒水、收集废物等一系列具体劳动，才能将大街上的路面垃圾清扫干净。具体劳动的作用是生产不同质的使用价值，使它成为商品交换的必要条件。具体劳动的质的区别，也就是各种不同的具体劳动，是社会分上的基础，而社会分工是商品生产存在的条件。如果没有社会分工，大家都生产一样的东西，或者大家生产的东西都用于自给自足，这样人们之间就用不着相互交换，也就不会有商品生产。但是，分工并不是商品生产存在的唯一条件，商品生产还存在另一个条件，即私人劳动。私人劳动生产出来的物品是私人物品，即产品归属不同的人所有。如果产品不是归属不同所有者，生产出来的产品没有你我之分，那么大家可以随意得到产品，那也就用不着交换了。

所谓抽象劳动，就是一般人类劳动的耗费。如果把劳动的有用性撇开，生产活动就只是人类劳动力的耗费，都是人的脑、肌肉、神经、手等等的生产耗费。这种同一的人类劳动的支出，作为人类一般劳动，就是抽象劳动。抽象劳动形成商品的价值，它体现人与人之间的社会关系。

抽象劳动是每个没有任何专长的普通的人的机体平均具有的简单劳动的耗费，也就是简单平均劳动。比较复杂的劳动，是指需要进过一定专门学习和训练的比较高级的劳动。这就是说，一个复杂劳动可以等于几个简单劳动。但是，在私有制社会，复杂劳动还原为简单传动，是在生产者的背后由社会决定的。

总之，作为生产商品的劳动，是具体劳动与抽象劳动的对立统一。这是因为生产同一种商品的劳动，不是两个劳动，也不是两次劳动，而是同一劳动具有具体劳动和抽象劳动二重属性而已，所以二者是统一的。但是二者又是有差别的。作为形成使用价值的具体劳动，其意义是从质的方面被考察，它回答的是怎样劳动、是什么劳动的问题；作为形成价值的抽象劳动，其意义是从量的方面被考察，它问答的是劳动多少、劳动时间多长的问题。由于劳动生产率直接与生产使用价值的具体劳动有关，而与形成价值的抽象劳动无关。因此，劳动生产率的变化只会引起使用价值的变化，而不会引起价值总量的变化。

知识链接：

劳动价值论

劳动价值论并不是马克思首先发现的，马克思是在继承资产阶级古典学派劳动价值论的科学成分，批判它的庸俗错误成分的基础上，第一次建立了科学的完整的劳动价值论。具体表现在以下4个方面：一是古典学派只知道价值是劳动创造的，不懂得是什么劳动创造价值。而马克思则建立了劳动二重性的学说，并指出具体劳动形成使用价值，抽象劳动创造价值。二是古典学派认为价值量决定于社会必要劳动时间，但是李嘉图认为，社会必要劳动时间不是平均劳动时间，而是最差条件下的劳动时间。而马克思则指出，决定价值量的社会必要劳动时间是生产商品所花的社会平均劳动时间。三是古典学派已经有了价值与交换价值的区别，但是不了解这二者的内在联系。而马克思则分析了价值与交换价值的内在联系，并指出价值是交换价值的内容，交换价值是价值的形式。四是古典学派把价值理解为物的一种自然属性，而马克思则指出，价值是社会历史范畴，不是永恒的范略，资本主义制度也不是永恒的制度。

综合前面的介绍，我们可以作个简单的小结。

商品是用来交换的能满足人们某种需要的劳动产品，具有使用价值和价值两个因素，是使用价值和价值的矛盾统一体。

使用价值是指商品能满足人们某种需要的属性，即商品的有用性，反映人与自然之间的物质关系，是商品的自然属性，是一切劳动产品共有的属性。交换价值首先表现为一种使用价值同另一种使用价值交换的量的关系或比例。决定商品交换比例的，不是商品的使用价值，而是价值。

价值是凝结在商品中的无差别的一般人类劳动，即人类脑力和体力的耗费。价值是商品特有的社会属性。使用价值不同的商品之所以能按一定比例相交换，就是因为它们都有价值。商品价值在质的规定性上是相同的，因而彼此可以比较。商品的价值实体是凝结在商品中的无差别的人类劳动，它本质上体现生产者之间的一定社会关系。商品价值量的大小，不是由某个商品生产者个人所花费的个别劳动时间决定的，而是由社会必要劳动时间决定的，也就是由社会平均劳动时间决定的。

商品具有二因素，原因在于生产商品的劳动具有二重性，即具体劳动和抽象劳动。马克思的劳动二重性原理是理解马克思主义政治经济学的枢纽。具体劳动是指生产一定使用价值的具体形式的劳动，即有用劳动。抽象劳动是指撇开一切具体形式的、无差别的一般人类劳动，即人的体力和脑力的消耗。具体劳动形成商品的使用价值，抽象劳动形成商品的价值实体。具体劳动和抽象劳动是同一劳动的两种规定。任何一种劳动，一方面是特殊的具体劳动，另一方面又是一般的抽象劳动，这就是劳动的二重性，它决定了商品的二因素。

使用价值和价值之间是对立统一的辩证关系，商品是使用价值和价值的矛盾统一体。

一方面，二者是统一的。使用价值和价值共处于商品这个统一体中，缺少使用价值和价值中的任何一个要素，商品都不能成其为商品。使用价值的存在是价值得以存在的前提，没有使用价值的东西也就不会有价值；使用价值是价值的物质承担者，价值寓于使用价值之中。换言之，一种物品如果没有使用价值，即使人们为它付出了劳动，也没有价值，例如历史上对永动机的追求。一种物品尽管具有使用价值，但如果不是劳动产品，也没有价值，例如空气。

另一方面，二者又是相互对立的。使用价值与价值的这种对立性主要表现在以下 3 个方面：第一，无论是对商品生产者来说，还是对消费者来说，对于同一件商品，谁也不可能同时拥有使用价值和价值，即二者相互排斥，不可兼得。第二，使用价值显现的是商品的自然属性，即人与自然的关系；而价值显现的是商品的社会属性，体现人与人之间的经济关系。第三，使用价值是共有属性，任何一种有用物品都包含使用价值，商品当然也包括它。也就是说，使用价值是永恒的范畴。价值不是任何一种有用物品都具有的共有属性，而是商品的特有属性。也就是说，价值是历史的范畴。

同时，我们还要明确使用价值和交换价值的区别。第一，不同商品具有不同的使用价值，衣服可以穿，粮食可以吃，房子可以住。这些使用价值是不同的生产活动的结果，不同的生产活动是由它们的目的、操作方法、对象、手段和结果决定的。一切商品的交换价值是交换数量的关系，在交换关系或交换价值中表现出来的共同的东西，也就是商品的价值。所以，商品的物体属性只是就它们使商品有用，从而使商品成为使用价值来说，才加以考虑。商品交换关系的显著特点，正是抽去商品的使用价值。在商品交换关系中，只要比例适当，一种使用价值就和其他任何一种使用价值完全相等。第二，作为使用价值，商品首先有质的差别，作为交换价值，商品只能有量的差别，因而不包含任何一个使用价值的原子。第三，一个物可以有用，而且是人类劳动的产品，但不是商品。谁用自己的产品来满足自己的需要，他生产的就只是使用价值，而不是商品。要生产商品，他不仅要生产使用价值，而且要为别人生产使用价值，即生产社会的使用价值。而且不只是单纯为别人。所以，要成为商品，产品必须通过交换，转到把它当作使用价值使用的人手里。最后，没有一个物可以是价值而不是使用物品。如果物没有用，那么其中包含的劳动也就没有用，不能算作劳动，因而不形成价值。

四、价值形式

前面我们已经知道了，价值是凝结在商品中的无差别的一般人类劳动，即人类脑力和体力的耗费。也就是说，价值的本质是劳动。但是，谁又曾经看到过包含在商品中的价值的本质呢？所以，商品的价值有必要通过某种东西来表现自己，也就是说价值要用具有某种形态的东西表现出来。价值形式是用来表现商品的价值的，是将商品的价值外在地表现出来的具体形式。

价值形式的发展是一个从简单到复杂的过程，它一共经历了4个阶段：简单的价值形式，扩大的价值形式，一般价值形式和货币。

（一）简单的价值形式

那么，价值究竟是如何来表现自我的呢？举个爱情的例子吧。在现代社会，有一部分人通过送999朵玫瑰的方式来表现自己对他人的爱意。999朵玫瑰的表白方式就装着人们的爱情，即用玫瑰承载他们的爱情。同理，价值也是把自己放进别的东西里来表现自己。换言之，价值也是以这种方式来表现自我的，就是依托别的东西来表现自己。如果有人说："嘿，我的一副弓箭里有一副弓箭的价值。"这种说法并不是依托别的东西表现自己的方式，只是重复了同样的一句话，等于什么都没说。这样的表述无法让人知道一副弓箭究竟具有怎样的价值。

相反，如果按下面的方法说就不同了："嘿，我的一副弓箭里有相当于你10个苹果的价值。"这就是将自己的价值依托于别的东西表现出来的方式。弓箭的主人将自己的弓箭的价值，通过对方的10个苹果表现了出来。此时，弓箭的价值形式就是苹果，弓箭的交换价值通过10个苹果表现了出来。

用这种方式表现价值非常容易而且简单，因此称其为"简单的价值形式"。简单的价值形式可以用一个公式加以表达：x 量商品 $A = y$ 量商品 B，例如：1副弓箭=4双橡胶鞋。

（二）扩大的价值形式

当人们之间就苹果和弓箭进行交换时，就很容易发现以这种方式显现的价值形式，以公式表示就是"1副弓箭=10个苹果"。不过对于弓箭的主人来说，并非得到苹果就万事大吉了，因为除了苹果，他还要弄到别的许多东西来维持生计。例如，1副弓箭=1只公鸡，1副弓箭=4双橡胶鞋，1副弓箭=3袋小麦，1副弓箭=30斤豆油……为了买到自己所需要东西，他要以这种方式找到拥有东西的人，然后拿弓箭和他们进行交换，从而得到自己想要得到的东西。弓箭的价值有时用鸡来表现，有时用橡胶鞋来表现，有时用黄金来表现，也就是说价值形式每次都要变换。在只和苹果进行交换时，价值形式本来是简单的，可如今价值形式出现了复杂化和扩大化，即出现了鸡、橡胶鞋和黄金等许多种物品。这样，当价值形式以各种东西表现时，称其为"扩大的价值形式”，也即价值形式扩展为许多种，就是说价值形式的数量增加了。其实说增加的价值形式也许更通俗易懂。扩大的价值形式可以用下面这个公式加以表达：

$$x\text{ 量商品 }A=\left\{\begin{array}{l}y\text{ 量商品 }B\\ z\text{ 量商品 }C\\ m\text{ 量商品 }D\\ n\text{ 量商品 }E\\ \cdots\cdots\end{array}\right.\qquad \text{例如：1 副弓箭}=\left\{\begin{array}{l}\text{1 只公鸡}\\ \text{4 双橡胶鞋}\\ \text{3 袋小麦}\\ \text{30 斤豆油}\\ \cdots\cdots\end{array}\right.$$

不过，事实上对于弓箭的主人来说，要用弓箭交换到所有自己想要的东西绝非易事。比如，这样的对话是很常见的：“兄弟，很高兴见到你，你的鸡能和我的1副弓箭交换吗?”“什么？弓箭啊，我没有用，不换。”“糟糕，好不容易找到有鸡的人，他却不想换。”可见，交换到自己想要的东西绝非易事。为了克服这种问题，“一般的价值形式”出现了。

（三）一般的价值形式

一般的价值形式是指，一切商品的价值都统一地表现在从商品世界分离出来，充当一般等价物的某一种商品上。所谓一般等价物就是表现其他一切商品价值的商品，也就是处在一般价值形式公式右端的那种商品，在我们的等式里，1副弓箭就是一般等价物。在第二次社会大分工，即农业、畜牧业与手工业分工出现以前，随着社会分工的扩大和交换的发展，逐渐从无数商品中分离出一种商品来，其他一切商品都需要和它交换，通过它来表现自己的价值，并且在换到这种商品以后，能用这种大家都愿意接受的商品去换到任何自己所需要的商品。这样一来，扩大的价值形式便过渡到一般的价值形式。

一般的价值形式可以用下面这个公式加以表达：

$$\left.\begin{array}{l} y\text{ 量商品 }B \\ z\text{ 量商品 }C \\ m\text{ 量商品 }D \\ n\text{ 量商品 }E \\ \cdots\cdots \end{array}\right\} = x\text{ 量商品 }A \qquad \text{例如：}\quad \left.\begin{array}{l} 1\text{ 只公鸡} \\ 4\text{ 双橡胶鞋} \\ 3\text{ 袋小麦} \\ 30\text{ 斤豆油} \\ \cdots\cdots \end{array}\right\} = 1\text{ 副弓箭}$$

从等式上看，一般价值形式（x 量商品 A）似乎只是扩大的价值形式的颠倒。但是这一颠倒却反映了价值形式发展过程中的一个飞跃。在扩大的价值形式中，1 副弓箭处于相对价值形式的位置上，一系列其他商品成为它的特殊等价形式。在一般价值形式中，1 副弓箭处于等价形式的位置上，其他一切商品的价值都用 1 副弓箭来表现。在这里，1 副弓箭不是某一商品的偶然的等价物，也不是某一商品的一系列特殊等价物中的一种，而是一切商品的共同的等价物。现在处在等式左端的许多种商品，都通过 1 副弓箭这种唯一的和统一的商品来表现它们的相对价值。从使用价值角度看，这许许多多的商品是千差万别的，但是它们的价值表现却是一样的，都通过弓箭表现出来，因而具有一般的相对价值形式。而在等式右端同它们相对立的弓箭，则成了一般等价物。作为一般等价物的弓箭，以它的自然形态成为一切商品共同的价值形式，成为一般人类劳动的化身。从而，生产 1 副弓箭的个别劳动，也就被公认为社会必要劳动的存在形式。

五、货币及其职能

（一）货币

随着社会生产力和社会分工的发展，充当一般价值形式的商品也经历了一个长期的发展过程。商品交换的范围不断扩大，客观上要求一般等价物能够固定在一种商品上，以利于商品交换的进一步发展。从历史演进角度来说，最早的时候，一般等价物由贝壳、盐或牛羊充当，后来是斧子和布匹，最后，一般等价物就集中到了金、银等贵金属上。

其实，将什么东西确定为一般价值形式，取决于人们的约定。有的村庄把贝壳作为一般价值形式，有的村庄也把牛羊作为一般价值形式，如果无论是此村庄还是彼村庄，整个社会都习惯性地确定一种东西作为一般价值形式，完全禁止使用其他东西。在此情况下，这种东西就是最为固定的一般价值形式。

之所以最后将一般等价物固定在金银上，原因在于金银具有体积小、价值大、便于收藏、久藏不坏、质地均匀和容易分割等特点，最适宜充当一般等价物。可是，在使用一段时间后，人们发现，充当一般等价物的金银也有缺点，它存在重量较大而且不容易携带等问题。于是，今天充当一般等价物的当然就只能是纸币了。

金银固定的充当一般等价物，就是“货币”。货币是从商品中分离出来，固定地充当一般等价物的商品，货币的本质就是一般等价物。

其实，简单的价值形式，扩大的价值形式和一般的价值形式，这些专业术语记不住也完全没有关系。纠结于这些专有名词反倒是给自己找麻烦。我们只要记住，价值的本质是劳动，劳动的外在表现形态，即价值形式是货币就可以了。货币不单纯是钱，它表现了劳动的价值。说得更简单一点，货币只是人们流血流汗的结果。

货币是价值形式，所以人们通过货币来表现商品的价值是多少。没有人将价值直接表现为价值，没有人会说“一件夹克的价值是20劳动小时”，相反，人们会利用表现价值形式的货币，说“一件夹克的价格是200元”。这种用货币来表现价值的方式叫作“价格”。所以，价格就是那个东西的价值。

货币产生后，人们为了交换的方便，将贵金属铸成具有一定重量和标记的铸币。所谓铸币，是指由国家铸造的具有一定形状、重量、成色并标明面额值的金属货币。而铸币在流通中基于自然磨损和人为因素，导致其经常出现其实际价值低于名义价值的情况。

所以，在市场交易中，货币持有者仅仅关心的是，货币是否能按照其所代表的价值买到所需要的商品，而并不关心用于交换中的货币的实际价值是多少。从而经常出现，不足值的铸币仍然当作足值的货币使用的事实。这就隐含着一种可能性：贵金属铸币可以用价值符号来代替。

于是，纸币产生了。纸币是指，代替金属货币进行流通，由国家发行并强制使用的货币符号。与金属货币相比，纸币的制作成本低，更易于保管携带和运输，避免了铸币在流通中的磨损。世界上最早的纸币，是出现于中国北宋时期的“交子”。

货币的职能大致有 5 种：一是价值尺度；二是流通手段；三是贮藏手段；四是支付手段；五是世界货币。这 5 种作用彼此近似，很容易混淆。因此，必须对其进行确切的理解与区分。

（二）价值尺度

正如前面说到的，可以用货币来衡量商品的价值。在此情况下，货币发挥着“价值尺度”的作用。尺度是衡量某种东西的器具。小学时，学生们普遍都使用的 20 厘米长的尺子，它就发挥着“尺度”作用。说得专业一点，价值尺度是指货币衡量和表现商品价值量大小的职能。货币作为价值尺度，只不过是商品内在价值尺度即劳动时间的外在表现形式。货币在执行价值尺度的职能时，只需要观念上的货币。

货币之所以能够充当价值尺度，是因为它本身也是商品，具有价值。所以，马克思说，“货币作为价值尺度，是商品内在的价值尺度即劳动时间的必然表现形式”。这就是说，商品的价值是由社会必要劳动时间决定的，货币不过是把商品的内在价值表现出来而已。由于在私有制和社会分工的条件下，劳动不能和劳动直接相交换，必然通过商品交换，并以货币作为交换的媒介，所以用货币来衡量商品的价值，是不以人的意志为转移的客观必然性。

劳动时间是商品的内在价值尺度，货币是商品的外在价值尺度，是商品内在价值尺度的外部表现。假设，生产一副弓箭需要3个小时的劳动，则3小时劳动是这副弓箭的内在价值尺度，即通过商品内部的要素来衡量商品的价值；如果3小时劳动等同于2克金，那么，在商品交换的时候，必须用2克金来购买一副弓箭，则2克金是这副弓箭的外在价值尺度，即通过商品外部的要素来衡量商品的价值。

货币在执行价值尺度的职能时，并不需要现实的货币，而只是观念上的或想象的货币。因为货币作为价值尺度的职能，只是把商品的价值大小表现出来，并不是实现商品的价值。例如，在大型家电超市中，如果一台海尔冰箱的价值是20克金的话，超市只需要在价格标签上填写上“20克金”，然后贴在冰箱上就行，不需要搬来20克金子放在冰箱面前，以表明它的价格。

虽然，货币是从商品世界中分离出来的，作为一般等价物，以表现其他商品的价值，从而承担着价值尺度的职能。价值尺度是货币最早产生的、最基本的职能，货币的其他职能都是以这个职能为基础的。但是，商品并不是由于有了货币才可以互为比较的。恰恰相反，因为一切商品作为价值都是人类劳动的凝结，具有同样的质，在量上才可以相互比较。

那么，货币怎样执行价值尺度的职能呢？货币执行价值尺度职能时，是把商品价值表现为价格，价格是商品价值的货币表现。然而，货币本身没有价格，因为货币无法表现自身的价值，货币本身的价值只能相对地表现在与它相互交换的各种商品身上。

然而，尽管只是想象的货币，但并不能任意标价，它必须以实在的货币材料作为依据。首先，货币执行价值尺度职能时，金的价值和商品价值之间存在着一定的比例，在观念的或想象的价值尺度的背后，有着真实的金作为它的后盾。其次，如果有金、银等货币商品同时充当价值尺度时，一切商品就会有两种以上的价格表现即金价格和银价格。但是，“价值尺度的二重化是同价值尺度的职能相矛盾的。”这是因为，只有金和银本身的价值比例不变，例如总是1∶5，那么这两种价格才可以安然并存。如果金和银本身的价值比例不断波动，那么就会导致商品的金价格和银价格之间的反复波动。事实上，金银本身的价值比例会随着生产金银这两种商品的劳动生产率的变化而不断变化，从而与法定的金银价值比例发生冲突。结果是，估价偏低的金属货币会退出流通，只有一种金属货币起着价值尺度的作用。可见，各种商品和货币之间想象的比例或观念的货币，不过是客观存在于它们之间的实际比例的反映。

（三）流通手段

货币具有使工人们生产的各种物品任意流通的媒介作用，也就是发挥中间的连接作用。商品和商品在社会上可以任意流转，连接它们的正是货币。货币的这种职能就是流通手段。

众所周知，直接进行物物交换很不方便。除了像苹果和弓箭这样能够触摸到的东西，我们还经常接触到“服务”这类商品的交换，因此可能出现这种情况：“司机师傅，我想乘公共汽车。”“你给我做什么？”“我给您擦车窗玻璃吧！”

为了得到乘坐公共汽车这一服务商品，要支付擦玻璃这一服务商品，这就是直接交换的不便，这样做的困难也是显而易见的。这时，货币的流通手段职能就显现了它的重要性。

货币的流通手段，简单说来，就是货币在商品交换的过程中充当了一种媒介。在我们平常一手交钱一手交货的商品买卖行为中，货币承担的就是流通手段职能。流通手段职能还可以换一种说法，叫作购买手段。不用细说，我们都知道作为流通手段的货币，必须是实在的货币，即必须掏出“真金白银”，而不能是观念上的货币。因为，任何一个商品生产者都不会允许别人用空话来套取他的东西，想获得东西必须掏钱。

在货币执行流通手段这一职能的时候，商品与商品不再是互相直接交换，而是以货币为媒介来进行交换。在这种交换中，商品所有者要办到的第一件事情是将自己的商品卖出去，从而得到相应数量的货币，第二件事情是用自己拥有的货币去买回自己想要的东西。这种由货币充当交换媒介的商品交换，我们把它称之为“商品流通”。由物物交换过渡到商品流通，表面上看来，似乎是某种进步，其实它使商品经济的内在矛盾进一步激化了。为什么这么说呢？原因在于，以货币充当交换媒介的商品交换，将卖与买分割为两个相互独立的交换过程。在这两个相互脱节的商品流通过程中，如果有人卖了自己的商品之后，不去立刻购买自己所需要的商品，那么，就会导致一部分人的商品卖不出去。卖不出去商品的人数增加到一定数量的时候，整个社会就将出现经济危机。因为，他卖不出商品就不能给工人开工资，工人就要失业；他也没有钱继续购买原材料进行商品生产，整个社会的生产行为就将陷于停滞。这样看来，货币作为流通手段的职能，增加了经济危机发生的可能性。

正如前面所说，作为流通手段的货币，起初是贵金属条、块，以后发展成铸币，最后出现了纸币。纸币是从货币作为流通手段的职能中产生出来的。

（四）贮藏手段

货币的贮藏手段是指货币退出流通领域，而作为社会财富的一般代表被保存起来的职能。充当贮藏手段的货币，必须是实在的足值的金银货币。只有金银铸币或金银条块才能发挥货币的贮藏手段职能。纸币不具备贮藏手段的职能。只有当纸币币值长期保持稳定的条件下，人们才会储藏纸币。

货币若想发挥贮藏手段的职能，其前提在于人们有贮藏货币的需要。那么，人们为什么要贮藏货币呢？这是一个首先需要回答的问题。

一个理由是，由于个人和企业的收入常常是不稳定的，一段时期可能收入较多，另一段时期可能收入较少。为了在收入不稳定的情况下维持稳定的支出，个人和企业需要在收入较多时把部分收入贮藏起来用于未来的支出。这种收入在不同时段的支出安排类似于资源在不同方面的择优配置，不同之处在于，当资源在同一时间的不同方面配置时，各方面的情况是清楚的，而资源在不同时段配置时未来情况是不清楚的，只能根据预测进行。一般来说，支出的速度应控制在贮藏的财富足以维持到下一笔收入之前，未来收入越不确定越需要增加贮藏的比例。极端情况，如果人们预见到未来很难再获得同等规模的收入，则人们会选择把全部收入贮藏起来，而只使用利息。当然考虑到人的寿命是有限的，而未来也不是完全没有获得同等收入可能，所以一般还是会以较慢的速度消费。

另一个理由是，贮藏手段是用于积累的。人们都有这样一种经验，有时消费一大笔钱所带来的满足程度，比分散的消费同等数目的钱所能带来的满足程度的总和要大。由于规模效应，个人或企业有时要把收入积累起来以便集中消费或投资。比如个人存款买房或用于子女教育、企业积累资金投资新项目等等。一般消费或投资项目越大，需要积累的时间越长，贮藏财富的数量越多。贮藏过程中财富总量可能有一定损耗，但由于优化配置和规模效应能带来的效用和效益增加，所以人们愿意承担一定的损耗。比如，把苹果贮存到明天再吃会有苹果新鲜程度的损失，若用冰箱保鲜又有电费等费用，但在苹果较多时人们还是愿意留到明天。

（五）支付手段

在我国现实的社会中，有的时候还可以看到这样的情形：

“喂，老张兄弟，今年又在卖自己种的大米吗？”

“是啊，王家大哥，你不买点吗？这是今年的新大米。”

“好啊，我看看，去年买的你家的大米就很好。”

“那今年就再多买点吧。”

“嗯，好大米，称500斤给我送家里去。不过，还得像去年一样，等我的大棚蔬菜卖了钱，才能给你。”

“王家大哥，没有问题，您的信用我是知道的。”

王家大哥说：“还得像去年一样，等我的大棚蔬菜卖了钱，才能给你。”这时，货币就是在发挥支付手段的作用。

作为货币的五大职能之一，支付手段是指货币充当用来清偿债务或支付赋税、租金、工资等的职能。货币在发挥支付手段之一职能的过程中，人们能够进行后付款交易。支付手段一方面使商品交换出现赊购、赊销，这有利于商品经济的发展，但另一方面又在形式上加深了经济危机的可能性。

相对于价值尺度和流通手段而言，支付手段虽不是货币的基本职能，但随着商品货币经济的发展，货币在人们经济生活中所起的作用越来越广泛了，货币执行支付手段的职能也越来越普遍了。

在现代社会，货币发挥支付手段职能的最典型代表就是“信用交换”。交换与信用是现代社会提升经济效率的两个重要手段。从根本上讲，生产力的发展和经济效率的提高来自科技进步和社会合作。信用关系像交换一样，也是一种人与人之间基于互利的合作，而且是一种比商品交换更高水平的社会合作。如果说交换的发展促成了广泛的社会合作，从而带来生产力的一次解放，那么信用的发展则可以促成更高水平的社会合作，带来生产力的又一次解放。交换和信用，尤其是信用的发达程度是发达经济区别于不发达经济的一个重要特征。可以说，虽然发达的信用体系并不能保证一个经济体成为发达的，但没有发达的信用体系则一定意味着经济活动中还有很多潜力未被发挥出来，经济效率还有待进一步提高。这样的经济体一定不会是发达的。

社会分工形成了专门从事交换的行业，就是商业；同样也形成了专门从事信用中介的行业，就是金融业。这两个行业的发达程度代表了一个社会交换和信用的发达程度，也标志着其经济潜力的发挥程度。

（六）世界货币

世界货币是指在国际商品流通中发挥一般等价物作用的货币。世界货币是随着商品生产和交换的发展而产生和发展的。世界货币除作为价值尺度之外，还是国际支付手段、国际购买手段和财富的国际转移手段。世界货币是实现国际经济贸易联系的工具，它促进了国际经济联系的扩大与发展，从而也促进了资本主义的发展。随着资本主义世界市场的发展，世界各地区在经济上逐渐联结起来。

从历史上看，19 世纪时，金和银都曾是世界货币。以后，随着金本位制的普遍建立，黄金遂取得了主导地位，成为最主要的世界货币。在金本位框架下，黄金既在国民经济中发挥国内货币的作用，也在国际关系中发挥世界货币的作用。国际收支的差额用黄金来抵补，构成国际储备货币的也只有黄金。黄金可以自由输出输入，而且一个国家的货币可以按固定比价自由与黄金兑换。

但是，随着经济发展和社会的进步，出现了非黄金的信用货币来行使世界货币的职能的情况。世界货币的发展中所以会出现这样的现象，原因在于：第一，生产和资本的国际化日益发展，各国之间的经济联系日益扩大，与此相适应，在国际上流通的世界货币的需要量也急剧增长。而世界上黄金的生产量的增长，远远赶不上国际流通对世界货币的需要，这就迫使人们使用非黄金的信用货币来行使世界货币的职能。第二，资本主义各国发展不平衡规律的作用，少数经济实力特别雄厚的帝国主义国家手里集中了巨额的黄金储备，从而它们的信用货币就有可能经过协议在国际上被承认为国际支付手段和储备货币。

而一国的信用货币，若想成为国际支付手段和储备货币，必须具备如下几个条件：第一，强大的经济实力是发行信用货币的重要支撑力量。信用货币不是任何国家想发就发的，必须以强大的经济实力作为支撑。这样，储备该种信用货币的国家和个人，才不会担心自己的巨量的财产在瞬间蒸发。所谓强大的经济实力主要是指，一个国家在世界市场上的商品输出和资本输出中都占据着绝对优势。这样，它在同各国进行商品贸易和金融联系时，它的信用货币才能被顺利接受。第二，这种信用货币必须具有相当大的稳定性。我们知道，信用货币本身是没有价值的，他想要保持它的稳定性，就必须与黄金挂钩，即能在一定条件下按照一定的汇价兑换成黄金。因此，发行信用货币的国家必须具有充足的黄金储备，这样才能保证其信用货币的稳定性。第三，某个国家的货币虽然可以在彼此经济联系密切的国家之间充当支付手段，但要在世界范围内正式取得储备货币的资格，还要得到所有国家的确认，这就必须通过国际协议来实现。如果上述条件发生变化，它就不能再当作世界货币来发挥作用。因此，与黄金不同，一国的信用货币当作世界货币发挥作用，是有条件的、不稳定的，是包含着矛盾和危机的。

第三节　疑难精读

在《资本论》第一卷和第三卷中，马克思对“社会必要劳动时间”的表述曾采用了两种表面上有差异的表述形式。在《资本论》第一卷中，马克思说：“形成价值实体的劳动是有用的人类劳动，是有用的人类劳动的耗费。社会必要劳动时间是在现有的社会正常的生产条件下，在社会平均的劳动熟练程度和劳动强度下制造某种使用价值所需要的劳动时间。”也就是说，《资本论》第一卷以“平均数”计量社会必要劳动时间。而在《资本论》第三卷中，马克思又说："事实上价值规律所影响的不是个别商品或物品，而总是各个特殊的因分工而相互独立的社会生产领域的总产品；因此，不仅在每个商品上只使用必要的劳动时间，而且在社会总劳动时间中，也只把必要的比例量使用在不用类的商品上。"

作为"平均数"的社会必要劳动时间，其数值来源于某行业不同劳动产生率、生产规模的加权平均，它形成了该行业某个商品的价值。而作为总产品的"社会必要劳动时间"，其数值来源于该商品的生产总量。前者形成某商品的单位价值，后者则构成该商品的社会总价值，前者是后者的基础，后者则是前者的积累，二者实际上是一致的。

从两种社会必要劳动时间的传导机制来说，它们的含义也是一致的，不同的只是观察的角度而已。马克思在《资本论》第三卷中讲到社会需要对社会总劳动时间的分配的决定意义后，又补充指出："但这不过是已经在单个商品上表现出来的同一规律。"这就是说，无论社会对某类商品的需求量有多大，都只能改变社会投入到该领域的总劳动量，而不会改变商品的单位价值量由"社会平均劳动熟练程度和劳动强度"决定的价值规律。这是因为，平均利润规律会使全社会的各个部门、各个行业的利润率趋向一致。所以，马克思说价值规律在个别商品和社会总商品的生产中同时发挥作用。

社会需求可以改变社会劳动在某个行业中投入的总量，即第二种含义的劳动时间，从而改变某种商品的社会产出总量。但由于资本主义生产平均利润规律的作用，任何生产行业，无论其产量在总产量中所占的比重如何，它们的利润率都将趋于一致，而决定利润率平均化趋势的，正是"社会平均劳动熟练程度和劳动强度的劳动时间"。

第四节　扩展阅读

云南蔗糖行业丰产不丰收

根据商务部网站2013年12月6日报道，近日云南现货市场糖价全线下调，昆明市场制糖企业含税报价仅为5 000元/吨，较前一日下调100元/吨，其他中间商报价均低于5 000元/吨，创下2010年6月份以来的三年半新低。

目前的糖价远远低于云南省2012/2013榨季平均制糖成本5 445元/吨。据云南糖网数据信息显示，12月4日，云南广通的现货市场，有中间商的报价低至4 850元/吨，制糖企业在当地的报价为4 960元/吨。相较现货市场糖企报价的大波动，市区内农贸市场上的白砂糖零售价则比较稳定，每千克维持在7.5元左右。2013/2014榨季越来越多的广西、云南、海南制糖企业开榨，这意味着本榨季新糖将大量入市，市场上总供应量大增，遇上丰年，云南现货市场制糖企业、中间商报价或将继续回落。

2012/2013榨季，云南省共有73个市场单元糖厂投入生产，共入榨甘蔗1 758万吨，产糖224.19万吨，产量创云南省历史新高，但丰收并不丰产，全省2012/2013榨季平均制糖成本高达5 445元/吨，即便加上副产品的收益，以目前的糖价来看，全省制糖企业普遍处于亏损状态。

12月4日，昆明市场制糖企业、中间商报价仅为5 000元/吨左右，与2012年12月同期5 900元/吨的价格相比，今年的糖价每吨降了近900元左右，年跌幅在15.25%。

据相关人士分析，近年来由于沿海地区进口糖加工厂的崛起，南方甘蔗糖销售受到挤压，并且国际糖价一直下跌，目前的配额内进口糖加工成本4 400元/吨，配额外进口糖价格成本也只有5 000元出头，云南省蔗糖产业将受到严峻考验。但糖业界历来有“三年涨，三年落”的行业规律，三年轮回，希望就在前方，走过70多年历史的云南蔗糖产业，在困难的时刻，糖企有必要实现转型升级，在劣势中寻求突破。

这种“丰产不丰收”的现象不仅仅存在于云南蔗糖行业，在很多时候的其他地方、其他行业也时有发生。其原因何在？按照马克思的理论观点进行分析，其原因就在于商品的二因素及其价值由社会必要劳动时间决定。从使用价值角度来说。商品经济出现之前，产品是作为使用价值来生产的，是为了满足生产者本人的需要或他们所供养的人口的直接需要而生产的。除了少量剩余产品外，大部分产品并不用于交换。这时，丰产就是丰收。因为产品越多，使用价值越多，财富也就越多。但是，在商品经济中，产品是为了交换而生产的，是为了满足别人的需要而生产的。“丰产不丰收”的原因之一就是云南蔗糖不能满足消费者的需要或者消费者不再需要云南蔗糖的使用价值了。从价值角度来说。价值是由生产商品的社会必要劳动时间所决定的，不是由生产商品的个别劳动时间决定的。在经济全球化的背景下，云南蔗糖的价值并不能由整个云南生产蔗糖的劳动时间决定，甚至不能由全中国生产蔗糖的劳动时间所决定，而是由全世界整个蔗糖生产行业的必要劳动时间所决定。所以，文中才提到“近年来由于沿海地区进口糖加工厂的崛起，南方甘蔗糖销售受到挤压，并且国际糖价一直下跌”这个重要的问题。

第二章　货币转化为资本

第一节　原著导读

第四章　货币转化为资本

1．资本的总公式

商品流通是资本的起点。商品生产和发达的商品流通，即贸易，是资本产生的历史前提。世界贸易和世界市场在16世纪揭开了资本的现代生活史。

如果撇开商品流通的物质内容，撇开各种使用价值的交换，只考察这一过程所造成的经济形式，我们就会发现，货币是这一过程的最后产物。商品流通的这个最后产物是资本的最初的表现形式。

资本在历史上起初到处是以货币形式，作为货币财产，作为商人资本和高利贷资本，与地产相对立。然而，为了认识货币是资本的最初的表现形式，不必回顾资本产生的历史。这个历史每天都在我们眼前重演。现在每一个新资本最初仍然是作为货币出现在舞台上，也就是出现在市场上——商品市场、劳动市场或货币市场上，经过一定的过程，这个货币就转化为资本。

作为货币的货币和作为资本的货币的区别，首先只是在于它们具有不同的流通形式。

……

作为资本的货币的流通本身就是目的，因为只是在这个不断更新的运动中才有价值的增殖。因此，资本的运动是没有限度的。

……

作为这一运动的有意识的承担者，货币占有者变成了资本家。他这个人，或不如说他的钱袋，是货币的出发点和复归点。这种流通的客观内容——价值增殖——是他的主观目的；只有在越来越多地占有抽象财富成为他的活动的唯一动机时，他才作为资本家或作为人格化的、有意志和意识的资本执行职能。因此，决不能把使用价值看作资本家的直接目的。他的目的也不是取得一次利润，而只是谋取利润的无休止的运动。这种绝对的致富欲，这种价值追逐狂，是资本家和货币贮藏者所共有的，不过货币贮藏者是发狂的资本家，资本家是理智的货币贮藏者。货币贮藏者通过竭力把货币从流通中拯救出来所谋求的无休止的价值增殖，为更加精明的资本家通过不断地把货币重新投入流通而实现了。

……

为卖而买，或者说得完整些，为了贵卖而买，即 G—W—G′，似乎只是一种资本即商人资本所特有的形式。但产业资本也是这样—种货币，它转化为商品，然后通过商品的出售再转化为更多的货币。在买和卖的间歇，即在流通领域以外发生的行为，丝毫不会改变这种运动形式。最后，在生息资本的场合，G—W—G′的流通简化地表现为没有中介的结果，表现为一种简练的形式，G—G′，表现为等于更多货币的货币，比本身价值更大的价值。

作为资本的货币的流通本身就是目的，因为只是在这个不断更新的运动中才有价值的增殖。因此，资本的运动是没有限度的。

2. 总公式的矛盾

货币羽化为资本的流通形式，是和前面阐明的所有关于商品、价值、货币和流通本身的性质的规律相矛盾的。

……

在任何情形下，在商品市场上，只是商品占有者与商品占有者相对立，他们彼此行使的权力只是他们商品的权力。商品的物质区别是交换的物质动机，它使商品占有者互相依赖，因为他们双方都没有他们自己需要的物品，而有别人需要的物品。除商品使用价值的这种物质区别以外，商品之间就只有一种区别，即商品的自然形式和它的转化形式之间的区别，商品和货币之间的区别。因此，商品占有者之间的区别，只不过是卖者即商品占有者和买者即货币占有者之间的区别。

……

因此，剩余价值的形成，从而货币的转化为资本，既不能用卖者高于商品价值出卖商品来说明，也不能用买者低于商品价值购买商品来说明。

……

可见，无论怎样颠来倒去，结果都是一样。如果是等价物交换，不产生剩余价值；如果是非等价物交换，也不产生剩余价值。流通或商品交换不创造价值。

……

因此，资本不能从流通中产生，又不能不从流通中产生。它必须既在流通中有不在流通中产生。

这样，就得到一个双重的结果。

货币转化为资本，必须根据商品交换的内在规律来加以说明，因此等价物的交换应该是起点。我们那位还只是资本家幼虫的货币占有者，必须按商品的价值购买商品，按商品的价值出卖商品，但他在过程终了时取出的价值必须大于他投入的价值。他变为蝴蝶，必须在流通领域中，又必须不在流通领域中。这就是问题的条件。这里是罗陀斯，就在这里跳跃吧！

3. 劳动力的买和卖

要转化为资本的货币的价值变化，不可能发生在这个货币本身上，因为货币作为购买手段和支付手段，只是实现它所购买或所支付的商品的价格，而它如果停滞在自己原来的形式上，它就凝固为价值量不变的化石了。同样，在流通的第二行为即商品的再度出卖上，也不可能发生这种变化，因为这一行为只是使商品从自然形式再转化为货币形式。因此，这种变化必定发生在第一个行为 G—W 中所购买的商品上，但不是发生在这种商品的价值上，因为相互交换的是等价物，商品是按它的价值支付的。因此，这种变化只能从这种商品的使用价值本身，即从这种商品的消费中产生。要从商品的消费中取得价值，我们的货币占有者就必须幸运地在流通领域内即在市场上发现这样一种商品，它的使用价值本身具有成为价值源泉的独特属性，因此，它的实际消费本身就是劳动的对象化，从而是价值的创造。货币占有者在市场上找到了这样一种独特的商品，这就是劳动能力或劳动力。

我们把劳动力或劳动能力，理解为一个人的身体即活的人体中存在的、每当他生产某种使用价值时就运用的体力和智力的总和。

第二节 理论解读

第二篇只有一章，即第四章。在第一篇，马克思从**简单商品生产**出发，研究了商品和货币，因为资本主义是在简单商品生产的基础上产生和发展起来的，这是研究资本主义生产的历史前提。在研究商品和货币的过程中，马克思建立了科学的劳动价值学说，为建立剩余价值学说奠定了牢固的理论基础。第二篇至第六篇，是马克思剩余价值学说的核心部分。它主要说明“资本是怎样进行生产的”。第二篇的第四章，是承前启后的一章，着重研究货币如何转化为资本，研究资本主义生产过程的前提条件。作为资本主义生产过程必须具备两方面的条件，一方面，它必须有商品、货币、商品流通等商品关系的存在。这是资本主义生产的最一般的条件，在第一篇已经研究过。另一方面，还必须在流通过程中把劳动力作为商品来买卖。这是资本主义生产的特殊的条件，对这个特殊条件的研究，构成本章的主要内容。

名词解释：

简单商品生产　是指以个体所有制和个体劳动为基础，为交换或出卖而进行的产品生产，也叫小商品生产。在简单商品生产条件下，由于各个商品生产者的生产条件、熟练程度和劳动强度等不同，生产同一种商品所耗费的劳动也不一样。资本主义商品生产的目的是通过满足他人的需要，来榨取工人的剩余价值，简单商品生产与此不同，它的目的是为了满足自己的需要。

一、资本的总公式

（一）商品流通与货币流通的区别

“作为货币的货币”（指货币在流通中起媒介作用）和“作为资本的货币”（指货币具有资本的机能），有哪些区别呢？也就是说，同一货币，在什么情况下只执行货币的职能，在什么情况下又执行资本的职能呢？

这就首先要从流通的不同形式上来区别商品流通和资本流通。

商品流通的公式是：商品—货币—商品（W—G—W），即由商品转化为货币，货币再转化为商品，为买而卖。货币在商品交换中只起着媒介作用，它是作为货币的货币，不是资本。资本流通的公式是，货币—商品—货币（G—W—G），由货币转化为商品，再由商品转化为货币，为卖而买，在这一形式中的货币，就是作为资本发生作用。因为，从开始到结束，都是从货币到货币，是货币与货币相交换。显然，如果同额货币与同额货币相交换。如以 100 元换 100 元，那是毫无意义的事情。

在这里，与商品流通不同，“货币总是经过一种独特和新奇的运动”，最后取得的货币且比起初投入的货币量更多，如以 100 元换得 110 元，这就是说，这种处在运动中的货币，能够带来更大的货币量。

现在，对商品流通公式和资本流通公式进行较细致的分析。首先，看看他们在形式上的共同点：第一，这两种流通公式，都有商品和货币互相对立的两个阶段，有卖（商品—货币）有买（货币—商品）。第二，它们都是买和卖两个阶段的统一，都有买者和卖者两种经济角色的互相对立。第三，在每个流通过程中，都有三个当事人登场，一个是卖者，一个是买者，一个既是买者又是卖者。

其次，看看它们在形式上的区别：

第一，卖和买这两个流通阶段的次序相反。商品流通以卖开始，以买结束。资本流通则以买开始，以卖结束。在商品流通中，起点和终点部是商品，货币起着媒介作用。在资本流通中，起点和终点都是货币，商品则成为全过程的媒介。

第二，货币在流通中所起的作用不同。在商品流通中，货币作为媒介，用来购买商品，于是，货币就花掉了。在资本流通中，起初用货币购买商品，投入流通，还是为了出卖商品，再从流通中把货币收回来，因此，货币只是被预付出去。

第三，在流通中两次换位的因素不同。在商品流通中，同一枚货币换位两次，使货币从一个人手里转到另一个人手里，在资本流通中，一件商品换位二次，使货币又回到原来的出发点。

第四，从货币的支出与流回的关系看，在商品流通中，货币的支出和货币的流回没有任何关系。如果货币再流回到原出发点，那只是重新售卖商品的结果，是另一次新的流通过程。在资本流通中，货币的流回是由货币支出的性质本身决定的，即由为卖而买的性质所决定的。如果货币不流回，整个活动就失败，或者是过程被中断了。

上述两种流通公式在形式上的差别，归根到底，还是由于它们在内容上存在着本质的差别。

首先，从交换的目的来看。在商品流通中，一开始是一种商品，终结是另一种商品，后一种商品在交换过程完结时就退出流通，进入消费领域。因此，这一种循环的最终目的是消费，是满足需要，是使用价值。相反，在资本流通中，是从货币开始，以货币告终，货币所有者购买商品，是为了收回他所垫支的货币，也就是为了取得更多的交换价值，取得更多的货币。

其次，从交换的内容来看。在商品流通中，交换的两极都是商品，它们在价值量上是相等的，但又是不同质的使用价值。在这里，商品交换体现着社会劳动的不同物质的交换，如谷物与衣服相交换，即以一种使用价值代替另一种使用价值。资本流通则不同，货币—商品—货币（G—W—G）两边都是货币，不是性质上不同的使用价值。初看起来，这种流通好像是没有内容的，用同样的东西交换同样的东西，仅仅是兜了一个圈子。但事实上，这种循环是有内容的，它表现在：从流通中收回的货币和开始投入的货币，是两个不同的量。“最后从流通中取出的货币，多于起初投入的货币。”也就是说，运动终点的货币最大于起点的货币量。和商品流通的公式不同，运动的结果，不是使用价值的交换，而是价值的增殖。所以，资本流通（G—W—G）的完整形式应该是：一定量的货币，经过流通，变为更多的货币。如用公式来表示，就是G—W—G′，“其中的 $G' = G + \Delta G$，即等于原预付货币额加上一个增殖额。马克思把这个增殖额或超过原价值的余额叫作剩余价值。原来预付的价值，不仅在流通中保存了自己，还加上了一个剩余价值，正是这种运动使价值转化为资本。所以，资本是能够带来剩余价值的价值。由于剩余价值的产生，货币才转化为资本。

再次，从运动的限度来看。商品流通，为买而卖，目的是为了取得某种使用价值，满足一定的需要。因此，商品流通是有限度的。例如，农民出卖玉米、小花生等农产品，以便能够有钱购买工业制成品，这是为了满足日用的需要，他不会无限度地去购买同样的工业制成品。相反，在资本流通中，为卖而买，开始和终结时都是货币，都是交换价值，这种运动是没有止境的。为什么呢？因为资本流通的最终目的，就是为取得价值的增殖，“因为只是在这个不断更新的运动中才有价值的增殖”。这就是说，只有不断的运动，才会不断的增殖。如果运动一停止，它就立刻失去增殖能力，丧失资本的本性了。因此，资本的运动，是无限度的，前一运动过程刚结束，新的运动过程接着又开始，虽然原预付的价值和它在流通过程中所增殖的剩余价值在一瞬间是有区别的，但它马上又会和原资本结合在一起，成为新的资本，投入新的循环过程。如果把原预付的价值和它增殖的价值都当作货币用掉，那它就不再成为资本了，如果把它储藏起来，当然不会带来剩余价值，不会增加分毫。但是，资本家追求剩余价值的欲望是无止境的，他要不断地增殖价值，不断地取得剩余价值，这就要把资本不断地投入反复更新的运动中，“因此，资本的运动是没有限度的”。在资本家看来，赚的钱是越多越好。

从以上的分析中可以看到，马克思从两种流通形式上的差别入手，进而研究它们在内容上的差别，把货币向资本的转化同剩余价值的产生联系起来考察，引导人们从本质上认识资本。作为资本，实质上是指那些能够带来剩余价值的货币，即能够使价值增殖的价值。

（二）资本的实质

资本，首先表现为一定量的价值。在商品流通中，流通的主体是商品，货币只是交换的媒介，在交换结束后就退出流通。资本流通则不同，货币—商品—货币，它的主体是一定量的价值。这一定量的价值本身，以不同的方式存在着，时而表现为货币的形式，时而表现为商品的形式，并且不断地从一种形式转化为另一种形式，即从商品形式转化为资本形式，再从货币形式转化为商品形式。尽管在形式上不断变换，但价值在这个运动中永不消失，从而变成一个自动的主体。就是说，在货币形式和商品形式的不断运动中，价值不仅在运动中保存下来，而且成为运动的中心。

但是，仅仅是有价值的东西，并不能成为资本，作为资本，必须不断地运动。如果把一定量的价值固定在某一形式上，就会认为“资本是货币，资本是商品”。但这只是表面现象，不是过程的本质，它不能说明为什么资本要不断采取货币形式又不断地采取商品形式，并且不断地互相交替着。也不能说明货币为什么有带来剩余价值的神秘魔力。实际上，不管是货币形式还是商品形式，资本都是以一定量的价值作为主体，并处在不断的运动中。

那么，这个在运动中的价值，起着什么作用呢？它不像货币在商品交换中起着媒介物的作用，也不像使用价值起着满足人们其种需要的作用，而是起着“价值增殖”的作用，即起着剥削工人所创造的剩余价值的作用，它在不断的运动过程中，不断带来剩余价值，不断改变着自己的量。如果它在运动中不能带来剩余价值，不起剥削的作用；就不成为资本。如果这部分价值固定下来，不进行运动，当然不可能成为剥削的手段，更不可能带来剩余价值。资本的这种剥削工人劳动、带来剩余价值的特殊作用，是资本本身所固有的，是资本的本性。马克思说：“既然它生出剩余价值的运动是它自身的运动，它的增殖也就是自行增值。”显然，“自身的运动”和“自行增地”都是指资本的剥削实质而言。

价值为什么要时而采取货币形式、时而采取商品形式、并在不断的变换和运动中保持自己和扩大自己呢？这是因为：一方面，如果资本不采取货币的形式，就不能确定自身的同一性。作为资本的价值，首先要在货币形式上出现，以货币为起点，最后还要从商品形式转化为货币形式，以货币为终点。起点的货币和终点的货币，它本身是同一的，而且在量上又是可以比较的。例如：以前是100元人民币，现在是110元人民币。这就说明价值增加了10元。可见，货币如不采取货币形式，价值本身的同一性就无法得到证明，价值量的大小就不能互相比较。价值增殖既然是资本运动的内容，就要不断测量自己的价值量。因此，货币是每个价值增殖过程的起点和终点。另一方面，如果货币不采取商品形式，就不会变成资本。因为资本家持有货币，在流通领域出现，购买生产资料和劳动力，然后进行产，最后把生产出来的商品卖出去，使资本的商品形式再转化为货币形式，从而取得剩余价值。在这里，资本家购买劳动力这种特殊商品是个关键。由于资本家购买了劳动力进行生产，才能剥削到工人劳动所创造的剩余价值，这时，货币也才能转化为资本。“货币在这里不像在货币贮藏的情况下那样，与商品势不两立”，因为在那里，要商品就不能贮藏货币；要贮藏货币，就不能购买商品。但在资本的运动中，商品都要和货币相交接，都要转化为货币，并生出更多的货币来。这生出来的货币，和商品的买卖分不开。因此，商品买卖成为资本家赚钱的手段。

为什么运动中的价值能成为剥削剩余价值的手段？这与一定社会的生产关系分不开。在简单商品流通中，价值只表现商品生产者与商品生产者之间的关系，表现着双方交换劳动的关系。但在资本流通中，价值表现为运动过程的实体，不管是采取货币形式或商品形式，它都“不是表示商品关系”，即不是表示等价物与等价物相交换的关系。因为通过资本流通，货币—商品—货币，货币变成更多的货币，即G变成G+ΔG，前者（G）是流通开始时就存在的价值，后者（ΔG）是过程结束时增加的价值。这样，价值就分为原价值和剩余价值两个部分。G—W—G′，就不是表示两个商品生产者之间的关系，而是表现为原价值与剩余价值的关系，这种原价值和剩余价值在质上都是没有区别的，它们那是一样的价值，所以原价值和剩余价值的关系，就是商品价值自己和自己发生关系，即“同它自身发生私自关系”。

（三）G′=G+ΔG

通过资本流通公式和商品流通公式的比较，揭示了资本的实质以后，马克思还进一步指出，G—W—G′事实上是直接在流通领域内表现出来的资本的总公式。

如果从为贵而买出发，来看待G—W—G′这个公式，似乎只是商人资本所持有的形式，只是商业资本的公式。如果从用货币购买商品，进行生产，然后把生产的商品卖出去，再转化为货币，虽然生产过程是在流通领域以外发生的，但丝毫不会改变这种运动的形态。那么，G—W—G′这个公式，也是产业资本的公式。至于生息资本的公式G—G’，也只是G—W—G′的公式简约化，它是没有媒介的流通，但也同样由G出发，取回更多的货币，也和资本流通的公式相符。所以马克思说：“G—G，货币交换货币，不仅是商业资本，而且是一切资本的特有的流通形式。”

G—W—G′，是资本流通为基本形式，由G出发，取回更多的货币G′，对各种资本形式都是适用的，所以马克思称它为资本的总公式。作为资本的主体——价值，必须不断地在流通中保存自己，扩大自己，所以资本的总公式，是“直接在流通领域内表现出来的”。

二、资本总公式的矛盾

资本是个吸血鬼，只有依靠剥削工人所创造的剩余价值才能生存。资本是带来剩余价值的价值，没有剩余价值也就没有资本。货币转化为资本的根本标志就在于获取剩余价值。

那么，剩余价值究竟是从哪里来的呢？

粗略一看，资本流通的总公式有一个矛盾，一方面 G—W—G′经过流通，带来了更多的货币，即产生了剩余价值；另一方面，按照商品流通本身性质的规律，即等价交换的规律的要求，起初投放的货币与最后收回的货币在数量上应该是一样大，这就无法解释剩余价值的产生。这样来看，资本流通的总公式似乎有一个显著的矛盾，正如马克思所说："货币转化为资本的流通公式，是和前面阐明的所有关于商品、价值、货币和流通本身的性质的规律相矛盾的。"

首先，剩余价值不能从流通领域中产生。

之所以在等价交换条件下不能产生剩余价值，原因在于商品的价值量是由生产它的社会必要劳动时间决定的，商品交换，只引起所有权的转移，对于它的价值显丝毫不会发生影响。

在商品流通中，从使用价值的方面来看，通过交换双方都能得到好处。因为交换双方，都是以自己多余的东西，换取自己没有而又需要的东西，不仅如此，他们双方还能通过交换得到更多的使用价值。例如：生产蛋糕的人，由于专业化和技术操作等方面比较熟练，能在一定时间内生产出一定量的蛋糕；生产饮料的人也由于专业化和技术熟练之故，也能在一定时间内生产出一定量的饮料。二者相互交换，达成双赢的结果。反之亦然。所以通过交换，交换双方都能得到好处。如果从交换价值的方面来看，情况就不同了。因为在交换以前，交换双方已经生产了相等价值的商品；在交换中，进行等价交换，对于任何一方，都不会有价值增值。这种在等价交换内不会产生剩余价值的情况，不管是单纯的商品交换或用现金交易，都是一样的，都不会产生剩余价值。

由此可见，在等价交换的条件下，在流通中，是不会产生剩余价值的。那么，在不等价交换的条件下，能不能在流通中产生剩余价值呢？答案是肯定的。

因为在市场上，商品所有者和商品所有者相对立，他们各自持有自己不需要但别人需要的物品，他们只能对他的这些商品拥有权力，可以出售，换回货币，他们只是卖者或买者，只是商品所有者或货币所有者，此外并无任何特权。因此，在交换中，企图通过某种特权来取得剩余价值的这种情况是暂时排除在外的。现在，我们假定卖者有某种无法说明的特权，可以在价值以上出售商品，如把价值100元的商品按照120元出售，好像取得了20元的剩余价值。但在商品流通领域里，只卖不买的人是不存在的，每个资本家，他必须既是卖者，又是买者。所以，他作为卖者所获得的20元剩余价值，在流通中也会作为买者而损失掉。整个事情的结果是：全部商品的价格都以高于价值的20%来出卖，形成“价格上涨”，但商品间的价值比例仍然不会发生变化，当然也不会因此产生剩余价值。反之亦然。

其次，离开流通领域也不能产生剩余价值。

既然剩余价值不能从流通中产生，那么剩余价值能不能从流通以外的什么地方发生呢？也就是说，离开流通领域，能不能说明剩余价值的发生呢？答案依然是否定的。

因为在以私有制为基础的商品生产条件下，商品生产者之间的关系，只有在流通领域，通过商品和商品的交换才能反映出来，所以“流通是商品所有者的全部相互关系的总和”。离开了流通领域，商品所有者只同他自己的商品发生关系，换言之，商品生产者之间就不能发生任何关系。但就商品生产者同他所生产的商品关系来说，在商品中，包含着他所消耗的按一定社会规律计量的劳动量，这种劳动量就表现为价值量，价值是要通过货币表现出来的，这个劳动量又表现为一个价格，例如若干元。如果不进入流通过程，他的劳动不能表现为商品的价值和超过这个商品本身价值而形成的余额。

简而言之，马克思认为，剩余价值“必须在流通领域中，又必须不在流通领域中”，这是问题的关键所在，所以他形象地说：**“这里是罗陀斯，就在这里跳跃吧！”**这一方面说明，剩余价值不是在流通领域中产生的，只能“发生在流通的背后”，即是在生产过程中发生的。但不是任何生产过程都产生剩余价值，简单商品生产，是不会创造剩余价值的，只有以劳动力买卖为特征的资本主义的生产过程，才会产生剩余价值。另一方面又说明，离开流通领域也不能阐明剩余价值的产生。因为剩余价值的产生，必须以流通为条件。如果离开流通领域，我们所看到的只是单纯的生产过程，或者说只是使用价值的生产过程，只看到人与自然的关系，看不到人与人的关系，这就有一种危险，好像剩余价值是自然的产物，就会滑到资产阶级的错误立场上去。

知识链接：

“这里是罗陀斯，就在这里跳跃吧！”

这句话出自一部世界上最早的寓言故事集《伊索寓言》。《伊索寓言》中有这样一个故事：一个有五种竞技的人，平常因为缺少勇气，常常被城市里的人所非难。有一次，他外出旅行回来之后，就经常吹嘘说，他在别的许多城市屡次英勇地参加竞赛，特别是在罗陀斯岛跳的很远，没有一个奥林匹克选手能赶得上他。他还说假如听众们下回到罗陀斯岛去的话，那里在场的人们都可以给他作证。这时在他旁边的一个人对他说道，“嗨，朋友，假如这是真的，你也不用什么证明，因为这里就算是罗陀斯了，你跳给我们看就好了”。这个故事说明，用事实容易证明的事，说话都是多余的。

马克思在分析资本总公式时，得出了如下的结论：资本不能由流通产生又不能不由流通产生，它必须在流通中同时又不在流通中发生。关于这一结论，在劳动力当作商品出卖的资本主义的现实场合下，毋需作更多的说明，事实就会很容易证明资本是怎样产生的。马克思用这个典故，其用意是为了说明上述结论极易被事实所证明。

三、解决资本总公式矛盾的条件

根据以上分析，马克思得出结论说：“资本不能从流通中产生，又不能不从流通中产生。它必须既在流通中又不在流通中产生。”资本是带来剩余价值的价值，所谓资本的产生，实际上就是说剩余价值的产生。说资本“又不能不从流通中产生”，也就是说，既不能从流通过程说明剩余价值的起源，也不能单纯地仅从生产过程来说明剩余价值的起源。因为剩余价值虽然不能直接从流通中产生，但要以流通过程作为条件。如不经过流通过程，剩余价值还是产生不出来的。这就是解决资本总公式矛盾的条件。

那么，剩余价值究竟是从哪里产生的呢？解决了这个问题也就解决了资本总公式的矛盾。这个问题的核心就是劳动力的买与卖。

还是从这个资本总公式，G—W—G′入手。首先，剩余价值能不能发生在货币本身上，即投入流通的货币身上呢？不能。因为这时的货币只作为购买手段和支付手段，充当商品的价格。其次，剩余价值能不能发生在流通的第二行为，即从 W—G′这一阶段上呢？也不能。因为这一行为，只是使商品形式转化为货币的形式，只不过是从商品到货币的变化，在等价交换条件下，这个价值量是不会发生变化的。因此，这种变化只能发生在流通的第一行为 G—W，即从货币到商品这一阶段上，由于是等价交换，所以这种变化，又不能发生在这种商品的价值上，只能发生在这种商品的使用价值本身，即从这个商品的使用上能取得新的价值。这就要从市场上买到这样一种商品，它和其 他商品一样，都具有价值；但它与其他商品不同，其他商品的使用，是满足人们的某种需要，而这种商品的使用却能够创造价值。所以说，“它的使用价值本身具有成为价值源泉的特殊性，因此，它的实际使用本身就是劳动的物化从而是价值的创造。”货币所有者在市场上找到了这种特殊商品，这就是劳动力。劳动力商品之所以特殊，就在于它的使用价值，即它在使用时有创造新价值的特殊属性。劳动力的使用价值所创造的新价值，就是剩余价值的根本来源。找到了劳动力商品，也就找到了解决资本总公式矛盾的关键所在。

何谓劳动力？马克思说：“我们把劳动力或劳动能力，理解为人的身体即活的人体中存在的、每当人生产某种使用价值时就运用的体力和智力的总和。”理解劳动力这一范畴，必须弄清几点：第一，劳动力就是劳动能力，是存在于活的人身上的，劳动能力离开了活的人就不可能存在，但劳动能力又不等于就是劳动者本人，这是劳动力和劳动者的联系和区别。第二，劳动能力只有在劳动时才能表现出来，一个有劳动能力的人不去劳动，他的劳动能力就等于零。每当人们生产某种使用价值时，劳动能力才具体发挥作用。第三，劳动能力，既包括体力也包括智力，既包括体力劳动也包括脑力劳动，它是体力和智力的总和。

历史小贴士：

人力资本理论

人力资本理论最早起源于经济学研究。20 世纪 60 年代，美国经济学家舒尔茨和贝克尔创立人力资本理论，开辟了关于人类生产能力的崭新思路。该理论认为物质资本指物质产品上的资本，包括厂房、机器、设备、原材料、土地、货币和其他有价证券等；而人力资本则是体现在人身上的资本，即对生产者进行教育、职业培训等支出及其在接受教育时的机会成本等的总和，表现为蕴含于人身上的各种生产知识、劳动与管理技能以及健康素质的存量总和。

人力资本理论与马克思劳动力商品理论都以劳动力为研究对象，但马克思真正关注的是劳动力商品的交换和使用，而没有充分研究它的生产，没有把劳动力商品的生产切实当作一个生产领域进行研究。把劳动和劳动力区别开，确定劳动力商品的价值规定，证明雇佣工人与资本交换的不是劳动而是劳动力从而科学地说明剩余价值的起源，对马克思来说这已足够了。人力资本理论真正从生产的角度具体研究了劳动力商品生产的若干方面。与马克思对劳动力商品的研究相比较，人力资本理论的一个贡献是，具体研究了劳动力价值（人力资本理论所谓的人力资本）中由时间和精力的投入所构成的部分。

第三节　疑难精读

劳动力成为商品

商品是使用价值和价值的统一。劳动力既然已经成为商品，当然也具有使用价值和价值。劳动力商品的使用价值很好理解，但劳动力商品的价值的确定却不是一个容易立刻理解的问题。因为劳动力商品的价值具有特殊性，不能像确定其他一般商品那样确定它的价值。

按照马克思劳动力商品价值论的原理，劳动力商品的价值决定于再生产劳动力的社会必要劳动时间。这毫无疑问是正确的。但马克思仅仅认为，劳动力的再生产也就是雇佣工人的生命和劳动能力的再生产，其价值就是维持劳动力再生产的**生活资料**的价值。这一点是需要进行补充完善的，因为它对当代经济生活中的一些重要现象很难做出解释。

名词解释：

生活资料　亦称“消费资料”或“消费品”，是指用来满足人们物质和文化生活需要的那部分社会产品。按满足人们需要层次分，有生存资料（如衣、食、住、用方面的基本消费品）、发展资料（如用于发展体力、智力的体育、文化用品等）、享受资料（如高级营养品、华丽服饰、艺术珍藏品等）。按使用时间长短分，有一次或短期使用的普通消费品和可供长期使用的需用消费品。

实际上，劳动力商品的价值主要由以下 3 个因素决定：

一是由维持工人自己所需要的生活资料的价值决定的。价值是一定的社会必要劳动的凝结。劳动力的价值，也“只代表在它身上物化的一定量的社会平均劳动”。但劳动力是存在于活的人身上的，要使劳动力能够生产出来，必须以活的人存在为前提。而人为了维持生存，必须消费一定数量的生活资料，“因此，生产劳动力所需要的劳动时间，可化为生产这些生活资料所需要的劳动时间，或者说，劳动力的价值，就是维持劳动力所有者所需要的生活资料的价值”。这里听说的“维持”，是指维持劳动力所有者正常的劳动能力。劳动力必须通过劳动才能发辉出来，而劳动，就要耗费人的一定量的肌肉、神经、脑等等，这些消耗都必须进行补偿，消耗的越多，需要的补偿量也越大。为了使工人能够维持正常的劳动能力，以便明天能在同样精力和健康的条件下继续进行劳动，就必须维持他自身的“再生产”，使他所需要的“生活资料的总和”能够保证他的正常消费的需要。

二是由工人抚养他的家属所需要的生活资料的价值决定的。劳动力所有者是会死的，要使劳动力源源不断地在市场上出现，因损耗和死亡而退出市场的劳动力，至少要不断由同样数目的新劳动力来补充，这就要求工人能世世代代永远延续下去。因此，在生产劳动力所必需的生活资料中，还应该包括工人为抚养他的子女所必需的那一部分生活资料，这也是货币不断转化为资本的一个不可缺少的前提条件。

三是由工人在训练和学习时所支出的教育费用决定的。要操纵机器大工业时代的现代化大机器，劳动力必须要有一定的技术和技能，但这并不是任何人一下子就能办到的，必须经过学习和训练，进行一定程度的教育。在进行教育时是要消费一定的物质资料的，而这些物质资料也都包含了一定量的社会劳动，它们的价值必须包括在劳动力所消耗的价值总和中。

第四节 拓展阅读

劳动力商品的不同性质

劳动力要想成为商品，必须满足两个条件：第一个基本条件是工人在法律上具有人身自由，可以自由支配和出卖自己的劳动力；第二个基本条件是工人自由的一无所有，丧失了一切生产资料和生活资料。

无论对于以前的自由竞争资本主义时期，还是对于当今的垄断资本主义时期，劳动力成为商品的第一个基本条件都能够正确解释问题。但马克思所讲的第二个基本条件即工人自由的一无所有，劳动者丧失了一切生产资料和生活资料，值得我们认真思考。可以说从资本主义生产关系的产生到20世纪上半叶，“工人自由的一无所有”是能够用于解释劳动力成为商品这一经济现象的。因为当时工人每次出卖劳动力所得到的工资只够支付三部分（维持工人自身生存所需要的生活资料价值、维持工人家庭消费所需要的生活资料价值以及工人接受教育和训练的费用）。除此之外，工人没有任何剩余，在下一次出卖劳动力时仍然是一无所有者。但是，在二战结束，特别是20世纪50—60代年以后，工人是一无所有者的论调显得不合时宜。就拿西方发达国家来说，科技革命的迅猛发展极大地改变了资本主义生产的物质条件，同时改变了劳动力再生产的物质条件，使得工人的实际工资发生了较大幅度的增长。这就使工人在自身生存、家庭消费以及接受教育和训练等方面的需要得到满足以后，还有一大部分剩余的工资，被工人用于购买奢侈消费品、投资经营和购买股票等。到2000年，美国产业工人的平均实际工资比1955年增加了156%，美国劳动人民持有股票和其他有价证券的市价总值近10万亿美元。同时，西方发达国家社会福利制度和社会保障制度的完善，国家财政对国民收入进行再分配的调节功能的加强，也为广大劳动人民带来了实实在在的利益。据统计，英国的社会福利项目不下6种，而美国的社会福利项目则多达90余种。在这些福利项目中，除养老、失业、疾病和工伤保险由政府、雇主和职工三方共同负担外，其他名目繁多的社会补助项目都是由财政直接拨款支付。这一切，使得工人阶级的实际收入增加，实际必要支出减少。由此可见，在当代发达资本主义国家，工人并不像马克思所说的是一无所有者，而是拥有剩余工资收入或占有由剩余工资转化而来的奢侈消费品和生产资料的“有产者”。事实上，在当代不发达资本主义国家，大部分工人也不是传统意义上的“一无所有者”。

简言之，在当代资本主义条件下，工人阶级从整体上看，已经不是传统意义上“一无所有”的无产阶级。尽管如此，工人阶级并没有改变出卖自己劳动力的命运，因为资本主义社会的绝大部分生产资料和生活资料仍然牢牢地被资产阶级占有。所以，可把当代资本主义社会中劳动力商品存在的第二个基本条件概括为工人不占有社会生产资料和生活资料的绝对支配权，而不是传统意义上的“一无所有”。

与此相关的另一个重大的理论问题是，如何看待我国社会主义条件下的劳动力性质？

长期以来，我们的认识主要来源于马克思的科学社会主义理论。而在其科学社会主义理论中，马克思是在单一的社会生产资料公有制的理论前提下论述社会主义的劳动关系。在马克思看来，在社会主义社会，社会公有制代替了私有制，实现了劳动者和生产资料的直接结合，劳动者成了生产资料的主人，也就消灭了劳动力成为商品的条件，劳动力已不再是商品。但历史实践表明，在社会主义社会，特别是在社会主义初级阶段，劳动力依然还是商品，这是无法否认的事实。

不仅如此，在社会主义市场经济中，劳动者的劳动力不仅是商品，而且成为了劳动力资本。要回答这个重大的理论问题，必须从劳动力资本是社会主义市场经济的基本范畴入手。

马克思根据资本不同部分在价值增殖中的不同作用，曾将资本划分为不变资本和可变资本，从而使他创立的剩余价值理论建立在科学基础之上。可变资本作为资本家购买劳动力而支付给工人的货币，是工人必要生活资料的一般等价物。就这一点说，可变资本在物质上是由生活资料构成的，但从资本运动的角度考察，无论是资本家购买的，还是在劳动过程中发挥作用，从而被生产地消费的，都不是这部分生活资料，而是工人的劳动力本身。因此在进入生产过程以后，可变资本部分是以劳动力形式存在的，或者说，在生产过程中，劳动力由商品转化为资本。但是劳动力在这里作为资本存在，并不是劳动力的所有者雇佣工人的资本，而是它的占有者资本家的资本。正是这种“异化”，使资本与雇佣劳动的关系成为剥削与被剥削的关系，并由此决定了资本主义生产的性质。而作为全新范畴的劳动力资本，是劳动者对自己劳动力要素的资本所有权，“异化”在这里已被排除，它所体现的不是剥削与被剥削的关系，而是劳动者联合劳动的经济关系。

劳动力资本与人力资本也是两个不同的范畴。它们之间虽然有一定的内在联系，但也有显著的区别，因而具有不同的质的规定性。20世纪60年代由西奥多·舒尔茨首先提出的人力资本理论，应当被视为当代西方经济学的一个重要理论成果。尽管它在根本的价值取向上是不认同劳动价值论的，但在客观上则反映了人的创造性劳动在经济发展中地位日益重要的趋势，事实上为劳动价值论的科学性提供了佐证。不过，西奥多·舒尔茨的人力资本理论从基本性质上说，仍然属于资本品理论，即只把资本理解成一种生产要素或资本品，否认资本是一定经济关系与其物质载体的统一。而劳动力资本范畴则与此不同，它以劳动价值论为立论基础，是从经济关系与物质载体的统一中将劳动力界定为资本的，因而比人力资本范畴具有更深刻的内涵。即使仅就物质载体这一层次而言，劳动力资本也不同于人力资本。由于劳动力资本的物质载体是劳动力，而劳动力是劳动者脑力和体力的总和。因此，劳动力资本范畴既包括脑力劳动者的劳动力，也包括体力劳动者的劳动力。更准确地说，既包括以脑力劳动为主的劳动者的劳动力，也包括以体力劳动为主的劳动者的劳动力。而人力资本指的是通过投资而凝结在人体中能够使价值迅速增殖的知识、体力和技能的总和，因而实际上只包括受过较高程度教育培训的脑力劳动者，以体力为主的劳动者则被排除在外。

劳动力资本由上述特殊的规定性决定了它是社会主义市场经济的基本范畴。

在马克思所考察的资本主义经济中，劳动力只是作为商品而存在，劳动者与自己的劳动力只是一种商品所有权关系。劳动力之所以成为商品，是因为劳动者一无所有，只有将自己的劳动力当商品出卖，才能获得维持生存的生活资料。而要保持对自己劳动力的财产所有权，“他必须始终让买者只是在一定期限内暂时支配他的劳动力，使用他的劳动力，就是说，他在让渡自己的劳动力时不放弃自己对它的所有权”。然而，在劳动过程结束时，劳动者所得到的只是按契约规定的工资。工资只是对劳动者所耗费的劳动力价值的补偿，并不是劳动力所有权在剩余价值生产中所获得的收益。因此，劳动者的劳动力只是当作商品出售，它使资本家的货币成为资本，而自己并未成为资本。并且，随着资本主义生产过程的继续，资本主义的生产关系也被不断地再生产出来，一方面，资本家占有全部剩余价值，成为更富有的资本家；另一方面，劳动者只能得到劳动力价值的补偿，仍然是别无他物的劳动力所有者。结果是，资本家总是购买劳动力，劳动者总是出卖劳动力；劳动者的劳动力始终只能是商品，而资本家的货币却不断转化为资本。

社会主义经济是作为资本主义经济的对立物而产生的。它在本质上是自由联合劳动制度，实行了劳动者对生产资料的共同占有，消灭了资本和劳动的对立，劳动不再依附于物质资本，劳动者不再需要靠出卖劳动力商品维持生存。在这样一个新的经济关系中，劳动者面临的问题只是如何将属于个人所有的劳动力和公共占有的生产资料相结合，创造更多的价值和使用价值。社会主义国家曾普遍采用计划配置的办法，将全社会的劳动力统一配置到各相关生产单位中去，组织社会主义的计划生产，并根据按劳分配的原则进行个人收入分配。这种做法，撇开其他问题不说，仅就产权角度而言，就抹煞了个人财产权和公共财产权的区别，实际上剥夺了劳动者对属于个人财产的劳动力的支配权，从而严重地挫伤了劳动者的积极性，损害了劳动者的应有权益。在计划经济历史地被社会主义市场经济取代以后，上述劳动力配置办法失去了体制基础，劳动者的劳动力和其他生产要素一样，也需以商品形式通过市场实现有效配置。因此，在社会主义经济中，劳动力仍然是商品，并且由它的特殊性质所决定，在每次交易中，劳动者让渡的只是劳动力商品的一定时间的使用权，并未放弃劳动力的所有权。在进入生产过程以后，劳动力的价值被消耗，但同时创造出比自身价值更大的价值。因此，在生产过程结束时，劳动力所有者不仅要获得劳动力价值的补偿，而且要作为创造剩余价值的主体参与对剩余价值的分配，享受劳动力要素所有者的权益。这样，在社会主义市场经济条件下，劳动力就不仅是商品，而且成为资本。社会主义经济的实质也就表现为劳动力资本和物质资本的自由联合，劳动力资本因此而成为社会主义市场经济的基本范畴。

第三章　绝对剩余价值的生产

第一节　原著导读

第五章　劳动过程和价值增殖过程

1. 劳动过程

劳动力的使用就是劳动本身。劳动力的买者消费劳动力，就是叫劳动力的卖者劳动。劳动力的卖者也就由此在现实上成为发挥作用的劳动力，成为工人，而在此以前，他只不过在可能性上是工人。为了把自己的劳动表现在商品中，他必须首先把它表现在使用价值中，表现在能满足某种需要的物中。因此，资本家要工人制造的是某种特殊的使用价值，是一定的物品。虽然使用价值或财物的生产是为了资本家，并且是在资本家的监督下进行的，但是这并不改变这种生产的一般性质。所以，劳动过程首先要撇开每一种特定的社会的形式来加以考察。

劳动首先是人和自然之间的过程，是人以自身的活动来中介、调整和控制人和自然之间的物质变换的过程。

……

劳动过程的简单要素是：有目的的活动或劳动本身，劳动对象和劳动资料。

土地（在经济学上也包括水）最初以食物，现成的生活资料供给人类，它未经人的协助，就作为人类劳动的一般对象而存在。所有那些通过劳动只是同土地脱离直接联系的东西，都是天然存在的劳动对象。例如从鱼的生活要素即水中分离出来的即捕获的鱼，在原始森林中砍伐的树木，从地下矿藏中开采的矿石。相反，已经被以前的劳动可以说滤过的劳动对象，我们称为原料。

劳动资料是劳动者置于自己和劳动对象之间、用来把自己的活动传导到劳动对象上去的物或物的综合体。劳动者利用物的机械的、物理的和化学的属性，以便把这些物当作发挥力量的手段，依照自己的目的作用于其他的物。

……

可见，一个使用价值究竟表现为原料、劳动资料还是产品，完全取决于它在劳动过程中所起的特定的作用，取决于它在劳动过程中所处的地位，随着地位的改变，它的规定也就改变。

因此，产品作为生产资料进入新的劳动过程，也就丧失产品的性质。它们只是作为活劳动的物质因素起作用。在纺纱者看来，纱锭只是纺纱用的手段，亚麻只是纺纱的对象。当然，没有纺纱材料和纱锭是不能纺纱的。因此，在纺纱开始时，必须先有这两种产品。但是，亚麻和纱锭是过去劳动的产品这件事，对这个过程本身来说是没有关系的，正如面包是农民、磨面者、面包师等等过去劳动的产品这件事，对营养作用来说是没有关系的一样。相反，如果生产资料在劳动过程中显示出它是过去劳动的产品这种性质，那是由于它有缺点。不能切东西的刀，经常断头的纱等等，使人强烈地想起制刀匠A和纺纱人E。如果产品很好，它的使用属性由过去劳动创造这一点就看不出来的。

……

劳动过程，就它是资本家消费劳动力的过程来说，显示出两个特殊现象。

工人在资本家的监督下劳动，他的劳动属于资本家。资本家进行监视，使劳动正常进行，使生产资料用得合乎目的，即原料不浪费，劳动工具受到爱惜，也就是使劳动工具的损坏只限于在劳动中它被使用时损耗的必要程度。

其次，产品是资本家的所有物，而不是直接生产者工人的所有物。资本家例如支付劳动力一天的价值。于是，在这一天内，劳动力就像出租一天的任何其他商品（例如一匹马）一样，归资本家使用。

2. 价值增殖过程

……

他不仅要生产使用价值，而且要生产商品，不仅要生产使用价值，而且要生产价值，不仅要生产价值，而且要生产剩余价值。

因为这里谈的是商品生产，所以事实上直到现在我们显然只考察了过程的一个方面。正如商品本身是使用价值和价值的统一一样，商品生产过程必定是劳动过程和价值形成过程的统一。

现在我们就把生产过程作为价值形成过程来考察。

我们知道，每个商品的价值都是由物化在该商品的使用价值中的劳动的量决定的，是由生产该商品的社会必要劳动时间决定的。这一点也适用于作为劳动过程的结果而归我们的资本家所有的产品。

……

如果我们现在把价值形成过程和价值增殖过程比较一下，就会知道，价值增殖过程不外是超过一定点而延长了的价值形成过程。如果价值形成过程只持续到这样一点，即资本所支付的劳动力价值恰好为新的等价物所补偿，那就是单纯的价值形成过程。如果价值形成过程超过这一点而持续下去，那就成为价值增殖过程。

其次，如果我们把价值形成过程和劳动过程比较一下，就会知道，劳动过程的实质在于生产使用价值的有用劳动。在这里，运动只是从质的方面来考察，从它的特殊的方式和方法，从目的和内容方面来考察。在价值形成过程中，同一劳动过程只是表现出它的量的方面。

……

作为劳动过程和价值形成过程的统一，生产过程是商品生产过程；作为劳动过程和价值增殖过程的统一，生产过程是资本主义生产过程，是商品生产的资本主义形式。

第六章　不变资本和可变资本

劳动过程的不同因素在产品价值的形成上起着不同的作用。

工人把一定量的劳动——撇开他的劳动所具有的特定的内容、目的和技术性质不说——加到劳动对象上，也就把新价值加到劳动对象上。另一方面我们发现，被消耗的生产资料的价值又成了产品价值的组成都分，例如，棉花和纱锭的价值包含在棉纱的价值中。可见，生产资料的价值由于转移到产品上而被保存下来。这种转移是在生产资料转化为产品时发生的，是在劳动过程中发生的。它是以劳动为中介的。然而它是怎样进行的呢？

工人并不是在同一时间内劳动两次：一次由自己的劳动把价值加到棉花上；另一次保存棉花的旧价值，或者说，把他所加工的棉花和使用的纱锭的价值转移到产品棉纱上。他只是由于加进新价值而保存旧价值。但是，把新价值加到劳动对象上和把旧价值保存在产品中，是工人在同一时间内达到的两种完全不同的结果（显然工人在同一时间内只劳动一次），因此很明显，这种结果的二重性只能用他的劳动本身的二重性来解释。在同一时间内，劳动就一种属性来说必然创造价值，就另一种属性来说必然保存或转移价值。

……

我们叙述了劳动过程的不同要素在产品价值的形成中所起的不同作

用，事实上也就说明了资本的不同组成部分在资本本身的价值增殖过程中所执行的不同职能。产品的总价值超过产品的形成要素的价值总额而形成的余额，就是价值已经增殖的资本超过原预付资本价值而形成的余额。一方的生产资料，另一方的劳动力，不过是原有资本价值在抛弃货币形式而转化为劳动过程的因素时所采取的不同的存在形式。

可见，转变为生产资料即原料、辅助材料、劳动资料的那部分资本，在生产过程中并不改变自己的价值量。因此，我把它称为不变资本部分，或简称为不变资本。

相反，转变为劳动力的那部分资本，在生产过程中改变自己的价值。它再生产自身的等价物和一个超过这个等价物而形成的余额，剩余价值。这个剩余价值本身是可以变化的，是可大可小的。这部分资本从不变量不断转化为可变量。因此，我把它称为可变资本部分，或简称为可变资本。资本的这两个组成部分，从劳动过程的角度看，是作为客观因素和主观因素，作为生产资料和劳动力相区别的；从价值增殖过程的角度看，则是作为不变资本和可变资本相区别的。

第七章　剩余价值率

1. 劳动力的剥削程度

……

我们已经知道，工人在劳动过程的一段时间内，只是生产自己劳动力的价值，就是说，只是生产他的必要生活资料的价值……因此，我把进行这种再生产的工作日部分称为必要劳动时间，把在这部分时间内耗费的劳动称为必要劳动。这种劳动对工人来说所以必要，是因为它不以他的劳动的社会的形式为转移。这种劳动对资本和资本世界来说所以必要，是因为工人的经常存在是它们的基础。

劳动过程的第二段时间，工人超出必要劳动的界限做工的时间，虽然耗费工人的劳动，耗费劳动力，但并不为工人形成任何价值。这段时间形成剩余价值，剩余价值以从无生有的全部魅力引诱着资本家。我把工作日的这部分称为剩余劳动时间，把这段时间内耗费的劳动称为剩余劳动。把价值看作只是劳动时间的凝结，只是对象化的劳动，这对于认识价值本身具有决定性的意义，同样，把剩余价值看作只是剩余劳动时间的凝结，只是对象化的剩余劳动，这对于认识剩余价值也具有决定性的意义。使各种经济的社会形态例如奴隶社会和雇佣劳动的社会区别开来的，只是从直接生产者身上，劳动者身上，榨取这种剩余劳动的形式。

因为可变资本的价值等于它所购买的劳动力的价值，因为这个劳动力的价值决定工作日的必要部分，而剩余价值又由工作日的剩余部分决定，所以从这里可以得出结论：剩余价值和可变资本之比等于剩余劳动和必要劳动之比，或者说，剩余价值率 = 剩余劳动/必要劳动。这两个比率把同一种关系表现在不同的形式上：一种是对象化劳动的形式，另一种是流动劳动的形式。

因此，剩余价值率是劳动力受资本剥削的程度或工人受资本家剥削的程度的准确表现。

2. 产品价值在产品相应部分上的表现

……

我们以上把产品——生产过程的结果——分成几个量。一个量只代表生产资料中包含的劳动，或不变资本部分。另一个量只代表生产过程中加进的必要劳动，或可变资本部分。最后一个量的产品只代表同一过程中加进的剩余劳动，或剩余价值。

3. 西尼耳的“最后一小时”

1836年的一个早晨，以经济学识和文体优美著称的纳索·威·西尼耳，这位在英国经济学家中在某种程度上相当于克劳伦的人，从牛津被召往曼彻斯特。他在牛津教授政治经济学，现在被召到这里来学习政治经济学。工厂主选中了他，要他充当斗士去反对新颁布的工厂法和比工厂法更激进的争取十小时工作日的鼓动。工厂主以惯常的实际经验上的敏感看出，这位教授先生“还需要好好地最后雕琢一番”。因此他们写信叫他到曼彻斯特来。而这位教授先生把他在曼彻斯特从工厂主那里学到的课业，加以润色，写成一本小册子：《关于工厂法对棉纺织业的影响的书信》（1837 年伦敦版）。在这个小册子里，我们可以读到下面一段很有教益的话：

“按照现行法律，凡雇用不满 18 岁的人的工厂，每天的劳动时间都不得超过 11 小时，就是说，一周的前 5 天每天劳动 12 小时，星期六劳动 9 小时。下面的分析说明，这种工厂的全部纯利润来源于最后一小时……劳动时间每天缩短 1 小时，纯利润就会消失，缩短 1 小时，总利润也会消失。”

……

但是这个致命的“最后一小时”是“十足的胡说”。失掉这一小时，你们并不会丧失“纯利润”。

4．剩余产品

我们把代表剩余价值的那部分产品……称为剩余产品。决定剩余价位率的，不是剩余价值同资本总额的比率，而是剩余价值同资本的可变组成部分的比率，同样，决定剩余产品的水平的，也不是剩余产品同总产品的其余部分的比率，而是剩余产品同代表必要劳动的那部分产品的比率。剩余价值的生产是资本主义生产的决定的目的，同样，富的程度不是由产品的绝对量来计量，而是由剩余产品的相对量来计量。

第八章　工　作　日

1．工作日的界限

……

所以，工作日不是一个不变量，而是一个可变量。它的一部分固然是由不断再生产工人本身所必需的劳动时间决定的，但是它的总长度随着剩余劳动的长度或持续时间而变化。因此，工作日是可以确定的，但是它本身是不定的。

另一方面，工作日虽然不是固定的量，而是流动的量，但是它只能在一定的界限内变动。不过它的最低界限是无法确定的。……可是工作日有一个最高界限。它不能延长到超出某个一定的界限。这个最高界限取决于两点。第一是劳动力的身体界限。一个人在24小时的自然日内只能支出一定量的生命力。正像一匹马天天干活，每天也只能干8小时。这种力每天必须有一部分时间休息、睡觉，人还必须有一部分时间满足身体的其他需要，如吃饭、盥洗、穿衣等等。除了这种纯粹身体的界限之外，工作日的延长还碰到道德界限。工人必须有时间满足精神需要和社会需要，这些需要的范围和数量由一般的文化状况决定。因此，工作日是在身体界限和社会界限之内变动的。但是这两个界限都有极大的弹性，有极大的变动余地。

2. 对剩余劳动的贪欲。工厂主和领主

资本并没有发明剩余劳动。凡是社会上一部分人享有生产资料垄断权的地方，劳动者，无论是自由的或不自由的，都必须在维持自身生活所必需的劳动时间以外，追加超额的劳动时间来为生产资料的所有者生产生活资料……但是很明显，如果在一个经济的社会形态中占优势的不是产品的交换价值，而是产品的使用价值，剩余劳动就受到或大或小的需求范围的限制，而生产本身的性质就不会造成对剩余劳动的无限制的需求。

3. 在剥削上不受法律限制的英国工业部门

……

面包掺假的情况，令人难以置信，在伦敦尤为厉害。这种现象最先是由下院“食物掺假”调查委员会（1855—1856年）和哈索尔医生《揭穿了的掺假行为》一书揭发出来的。揭发的结果是1860年8月6日颁布了“防止饮食品掺假”法，这是一项无效的法律，因为它对每个企图靠买卖假货“赚正当钱”的自由贸易论者当然是极端宽容的。委员会本身也相当坦率地承认，自由贸易实质上是假货贸易，或者用英国人的俏皮说法，是“诡辩品”贸易。

不管怎样，委员会把公众的目光引向了他们“每日的面包”，从而引向了面包业。与此同时，伦敦面包工人在群众大会上和在向议会的请愿中，发出了反对过度劳动等等的呼声。这种呼声如此急迫，以致当局把我们上面屡次提到的1863年委员会的委员休·西·特里门希尔先生，任命为皇家调查专员。

4. 日工和夜工。换班制度

从价值增殖过程来看，不变资本即生产资料的存在，只是为了吮吸劳动，并且随着吮吸每一滴劳动吮吸一定比例的剩余劳动。如果它们不这样做，而只是闲置在那里，就给资本家造成消极的损失，因为生产资料闲置起来就成了无用的预付资本；一旦恢复中断的生产必须追加开支，这种损失就成为积极的损失。把工作日延长到自然日的界限以外，延长到夜间，只是一种缓和的办法，只能大致满足一下吸血鬼吮吸劳动鲜血的欲望。因此，在一昼夜24小时内都占有劳动，是资本主义生产的内在要求。但是日夜不停地榨取同一劳动力，从身体上说是不可能的，因此，为克服身体上的障碍，就要求白天被吸尽的劳动力和夜里被吸尽的劳动力换班工作

5. 争取正常工作日的斗争。14世纪中叶至17世纪末叶关于延长工作日的强制性法律

“什么是一个工作日呢?”资本支付劳动力的日价值，可以在多长的时间内消费劳动力呢？在劳动力本身的再生产所需要的劳动时间以外，可以把工作日再延长到什么程度呢？我们知道，资本对这些问题的回答是：工作日就是一昼夜24小时减去几小时休息时间。没有这种休息时间，劳动力就根本不能重新工作。

……

6. 争取正常工作日的斗争。对劳动时间的强制的法律限制。1833—1864 年英国的工厂立法

资本经历了几个世纪，才使工作日延长到正常的最大极限，然后越这个极限，延长到十二小时自然日的界限。

……

现代工业中的正常工作日，只是从 1833 年颁布了有关棉、毛、麻、丝工厂的工厂法起才出现的。1833 年到 1864 年的英国工厂立法史，比任何东西都更能说明资本精神的特征！

第九章　剩余价值率和剩余价值量

在这一章里，也同前面一样，假定劳动力的价值，从而再生产或维持劳动力所必要的工作日部分，是一个已知的不变的量。

在这个前提下，知道剩余价值率，同时也就知道一个工人在一定的时间内为资本家提供的剩余价值量。

……

由此就得出如下第一个规律：所生产的剩余价值量，等于预付的可变资本量乘以剩余价值率，或者说，是由同一个资本家同时剥削的劳动力的数目与单个劳动力受剥削的程度之间的复比决定的。

……

因此，在一定量剩余价值的生产上，一种因素的减少可以由另一种因素的增加来补偿。如果可变资本减少，同时剩余价值率却按同一比例提高，那么所生产的剩余价值量仍然不变。

……

但是，靠提高剩余价值率或延长工作日来补偿工人人数或可变资本量的减少，是有不能超越的界限的……平均工作日（它天然总是小于 24 小时）的绝对界限，就是可变资本的减少可以由剩余价值率的提高来补偿的绝对界限，或者说，就是受剥削的工人人数的减少可以由劳动

力受剥削的程度的提高来补偿的绝对界限。这个非常明白的第二个规律，对于解释资本要尽量减少自己所雇用的工人人数即减少转化为劳动力的可变资本部分的趋势（以后将谈到这种趋势）所产生的许多现象，是十分重要的，而这种趋势是同资本要生产尽可能多的剩余价值量的另一种趋势相矛盾的。

第二节　理论解读

一、劳动过程和价值增殖过程

马克思对资本主义劳动过程和价值增殖过程的分析分为 3 个层次：第一个层次，分析任何社会都存在的一般劳动过程，即生产使用价值的过程；第二个层次，分析一切商品生产社会都共有的劳动过程，即劳动过程与价值形成过程的统一；第三个层次，分析资本主义特有的劳动过程，即资本主义劳动过程，不仅是劳动过程和价值形成过程的统一，而且是价值形成过程与价值增殖过程的统一。

（一）劳动过程

所谓一般劳动，是指任何社会都存在的劳动过程。马克思考察劳动过程，主要从以下几个角度入手。

首先，从劳动过程的组成要素角度来考察劳动过程。

有目的的劳动过程由 3 个要素组成：一是有目的的活动或劳动本身（人的劳动），二是劳动对象，三是劳动资料。

一是人的劳动（生产劳动）。人的劳动是指人们通过人的活动来引起调整和控制人和自然之间的物质变换的过程，主要说的是劳动的主体，因为任何劳动过程都必须首先明确劳动主体。

人类劳动有以下几个方面的特点：第一，劳动是人作为一种自然力与自然相对立；第二，通过物质变换活动，在有用的形式上占有自然物质（谋取人类生存、发展的物质资料）；第三，在改变自然的同时，也改变着人自身的自然；第四，劳动是一种有目的、有意志的活动，劳动专属于人类，与动物本能有根本的区别；第五，劳动是服从意志的行为，不是孤立的行为，除从事劳动的那些器官紧张之外，在整个劳动时间还需要有作为注意力表现出来的有目的的意志，而且，劳动的内容、形式和方法越不能吸引劳动者，劳动者越是不能把劳动当作他自己的体力和智力活动来享受，就更需要这种意志，也就是说，这种意志带有强制性。

二是劳动对象。劳动对象是人的劳动作用和加工的客体。它包括两类：一类没有经过人的劳动协助，就作为人类劳动的一般的对象而存在，如未开垦的土地、自然水体、原始森林和矿石等，它们的共同特点就是同土地直接联系的一切东西。另一类是经过人类劳动过滤过的劳动对象，我们称之为原料，例如开采的煤、进行分检和洗涤的矿石。

三是劳动资料。劳动资料是指置于劳动者与劳动对象之间，用来把自己的活劳动传导到劳动对象上去的物或物的综合体。

其次，从劳动过程的结果（产品的角度）来考察劳动过程。

从劳动过程的结果来看，即从生产产品的角度来看，劳动资料和劳动对象表现为生产资料；劳动本身则表现为生产劳动。产品不仅是劳动过程的结果，同时还是劳动过程的条件，前一个劳动过程的结果（产品），可能成为下一个劳动过程的生产资料，并且同一产品，既是这个劳动过程的产品，又是另一劳动过程的生产资料。生产产品作为劳动资料和劳动对象必须和活劳动相接触才能发挥作用，生产才有成效，活劳动必须抓住这些东西，才能使它由死复生，只有将它投入劳动过程，与活劳动接触，则这些过去的劳动物化的产品才能当作使用价值来保存和实现。

再次，从劳动资料消费的角度来分析劳动过程。

劳动过程既是产品的生产过程也是劳动资料的消费过程，它是同个人消费不同的生产消费，生产消费是把产品当作劳动过程的生活资料来消费，消费的结果是生产出新的使用价值（产品）。个人消费是把产品当作活的个人的生活资料来消费，消费的结果是消费者本身的再生产。

最后，从社会的角度来考察劳动过程。劳动过程是人与自然变换的过程，是人类社会生存发展的最基本的条件，是一切社会所共有的。

（二）价值增殖过程

就劳动过程的一般性质而言，劳动过程是使用价值的生产过程，但是使用价值是不是生产的直接目的呢？在自给自足的**自然经济**情况下，生产某一物品就是为了直接消费它，使用价值是生产的直接目的。在小商品生产经济情况下，生产者生产某一使用价值，不是为了直接消费它，而是为了将它出卖，换取自己所需要的东西，使用价值之所以被生产，仅仅因为它是交换价值的承担者。

名词解释：

自然经济　是相对于商品经济而言的，是社会生产力水平低下和社会分工不发达的产物。该经济形态占统治地位的持续时间涵盖原始社会、封建社会以及早期的资本主义社会与半殖民地半封建社会。其基本特征是以家庭为主要基本生产单位，生产规模相当小。大多数情况下，产品的原料采集、生产乃至消费都是为了满足劳动者自身需要（而不是为了进行资本积累并扩大再生产），只有在生产产品过剩的情况下才会将产品拿到市场上交换。并且自然经济中农业生产同家庭手工业制造相结合，即农产品以及一部分手工业品都是自主生产并使用的，也就是所谓的“男耕女织”现象。通俗一点说，自然经济就是自给自足的经济形态，人们生产产品是为了直接满足生产者个人或经济单位的需要，而不是为了交换。

在资本主义商品生产的情况下，资本家生产某一商品，是为了用来售卖，是为了“生产具有交换价值的使用价值”。但这还不是他的最终目的，他是企图通过商品的售卖，取得比原有价值更多的价值，就是说，“他要使生产出来的商品的价值，大于生产该商品所需要各种商品即生产资料和劳动力……的价值总和”。这两个价值之间的差额就是剩余价值。所以资本家进行生产的目的，不仅要生产一个使用价值，而且要生产一个商品，即生产一个具有交换价值的商品，这就要生产剩余价值。可见剩余价值的生产，是资本主义生产的唯一目的。马克思说：“生产剩余价值或赚钱，是这个生产方式的绝对规律。”

所以，资本主义的生产过程，不仅是劳动过程与价值形成过程的统一，而且是劳动过程与价值增殖过程的统一。“价值增殖过程不外是超过一定点而延长了的价值形成过程。如果价值形成过程只持续到这样一点，即资本所支付的劳动力价值恰好为新的等价物所补偿，那就是单纯的价值形成过程。如果价值形成过程超过这一点，那就成为价值增殖过程。”

由此可见，价值形成过程是价值增殖过程的前提和基础，理解价值增殖过程，必须以理解价值形成过程为前提。

那么，何为价值形成过程？在探寻价值源泉的理论中，马克思不谈生产商品的劳动力和生产商品的生产资料本身的价值因素在商品价值形成中的作用，而是着重考察商品生产过程中新价值是如何决定的，并由此提出抽象劳动（社会必要劳动）的凝结决定商品的价值。而在社会必要劳动时间理论中，马克思认为，正常生产条件下生产商品所耗费的生产资料中包含的价值也形成新产品的价值。所以，在社会必要劳动时间理论中，不只包含新价值的决定，也包含生产资料中过去劳动所形成的旧价值的转移。因此，社会必要劳动时间理论是讨论价值形成过程的基础。简言之，商品价值的形成过程，是生产资料旧价值的转移和活劳动创造新价值的过程，所有生产要素都在价值形成过程中发挥作用。

当然，这个结论是建立在马克思劳动两重性学说基础之上的。一方面，劳动作为具体劳动转移生产资料旧价值。生产资料（劳动资料和劳动对象）旧价值可以看作是过去生产生产资料时所耗费的抽象劳动的凝结。但是，这个旧价值之所以能够转移到新商品之中，则是具体劳动的作用。生产资料价值作为商品价值组成部分必须具备两个条件：生产“生产资料”时所耗费的是社会必要劳动时间；在生产新产品时被实际使用。另一方面，劳动作为抽象劳动，它的凝结创造新价值。总之，价值形成过程是旧价值转移和新价值创造的过程。

那么，价值增殖过程究竟是如何产生的呢？要解决这问题，必须研究劳动力这一特殊商品。价值增殖的秘密就在于劳动力商品的特殊性。这里具有决定意义的是，劳动力商品独特的使用价值，它是价值的源泉，它可以创造价值，而且可以创造出大于自身价值的价值。这种大于自身价值的价值，是在等价交换的过程中，劳动者出让其劳动力使用价值给资本家之后，资本家在使用劳动力的过程中实现的。例如，资本家在获得劳动力的使用权以后，有权利根据自己的意愿使用劳动力。如果价值形成过程只进行到6小时，即资本家所支付劳动力价值（如3元），恰好由一个等价物（如价值3元的棉纱）来补偿，那便是简单的价值形成过程。如果资本家将劳动力的使用价值进一步发挥，也就是让他劳动的时间更长，那么，价值形成过程就会超过这一点（大于3小时）而继续下去，价值增殖过程也就发挥了。

知识链接：

“万事万物，都安放在最善世界的最善处”

马克思在说明了剩余价值的生产过程以及资本的价值增殖与价值规

律并不矛盾之后，引用了“万事万物，都安放在最善世界的最善处”这句话。这句话出自法国著名作家德·伏尔泰的小说《老实人》。《老实人》是伏尔泰哲理小说的代表作，他的主题是批判盲目乐观主义哲学，小说的主人公老实人开始相信邦葛罗斯（他的老师）的乐观主义哲学：在这个世界上，一切事物都是完美的，但是，残酷的社会现实粉碎了他的梦想。

小说的主人公老实人所在的地方，当时有一个名字叫邦葛罗斯的“博学的大师”在那里教学。邦葛罗斯是一个“世界上最伟大的哲学家”，他主张一种与生活矛盾相妥协的乐观主义哲学观点。他说：“显而易见，事无大小，皆系定数，万事皆有归宿，此归宿必定是最美好的归宿。”总之，“万事万物，都安放在最善世界的最善处”。老实人对此信以为真。但是，事实却完全相反，老实人和邦葛罗斯一生的痛苦经历，恰恰成了这种观点的有力讽刺。

马克思引用这句话，一方面说明资本的价值增殖是合乎经济规律的，是资本主义生产方式所安排好了的；另一方面，也是对资本文义生产关系所进行的讽刺，即在这些“合馆合型”“十全十美”背后，却隐藏着资本对劳动的残酷剥削。

二、不变资本和可变资本

马克思对价值形成过程和价值增殖过程的分析表明，构成资本物质内容的生产资料和劳动力在价值增殖过程中有着不同的作用。这种不同作用反映在价值构成上，便形成不变资本和可变资本。

一方面，生产资料在资本主义商品生产过程中的作用在于转移旧价值。生产资料的价值不是再生产出来的，而是在新产品中再现出来的。生产资料包括自然资源、原料、辅助材料和劳动工具等，这些不同的因素在价值形成中，各自的价值有不同的转移方式：第一，劳动中使用的自然力及自然资源，由于本身不是劳动产品，没有价值，因此，不存在价值转移问题。第二，劳动手段在劳动过程中维持它的原有状态，但是有损耗，因此，它是全部参加劳动过程，但只是部分转移他的价值。这里的问题是如何确定这个被转移的价值究竟是多少，这要根据机器设备的自然寿命（有形损耗）还是根据社会寿命（无形损耗）来确定被转移的价值的具体数量。第三，原料和辅助材料在劳动过程中改变其使用价值或使用价值消失，其价值全部转移到新产品中去，原料的正常损耗也全部转移其价值。

另一方面，劳动力价值的再生产和价值增殖。在劳动过程中发挥作用的劳动即活的劳动，作为抽象劳动创造新价值。这不是转移劳动的价值，而是劳动力价值的再生产和生产出剩余价值。首先，劳动力要再生产出自身的等价物。这与生产资料不同，资本家用于购买劳动力的货币已经由劳动力购买消费品消费掉了，不存在了，因此，在劳动过程中，劳动力首先要为资本家再生产出这部分价值，用来补偿资本家在购买劳动力时预付的货币。其次，劳动力再生产出它的价值之后，还必须要继续劳动，生产出一个超过自身价值的价值，即剩余价值。所以，“剩余价值就是产品价值超过消耗掉的产品形成要素即生产资料和劳动力的价值而形成的余额”。

显而易见，资本家在资本主义商品生产过程中，所预付资本的不同组成部分在价值形成和价值增殖过程中起着不同的作用。其中的生产资料部分转移旧价值，劳动力部分创造新价值。马克思根据资本的物质内容在价值增殖过程中不同的作用，把预付资本区分为不变资本和可变资本。由此，不变资本的物质内容是生产资料，在生产过程中不改变自己的价值量。可变资本的物质内容是劳动力，在生产过程中再生产出自身价值，并且生产出剩余价值，而这个剩余价值本身是可以变化的，是可大可小的。这部分资本从不变量不断变为可变量。所以，资本家预付在劳动力上的资本是可变资本。

资本家预付资本的两个组成部分从劳动过程的角度看，是作为客观因素和主观因素，作为生产资料和劳动力相区别的。从价值增殖过程的角度看，是作为不变资本和可变资本相区别。资产阶级古典政治经济学没有区分劳动的两重性，因此没有不变资本和可变资本的区分，这使他们的理论在坚持劳动价值论方面出现问题。马克思指出，理论上混乱的根本原因是“无论**李嘉图**，还是他以前或以后的其他任何经济学家，都没有把劳动的两个方面准确地区分开来，自然更没有对这两方面在价值形成上所起的不同作用作出分析”。马克思根据生产商品的劳动二重性学说，区分了不变资本和可变资本，揭示了剩余价值的源泉。具体说，由于区分了劳动两重性，以劳动两重性理论为基础，通过具体劳动进一步分析劳动过程，由对劳动过程的分析看到，劳动过程的物质内容是生产资料和劳动力。通过具体劳动进一步分析价值形成过程中生产资料所包含的旧价值向新产品的转移过程。通过抽象劳动进一步分析价值形成过程中新生产的产品中新价值的形成和价值增殖过程。对这个过程的分析发现，投入到生产资料上的资本只是由具体劳动转移原有的价值，而投到入劳动力上的资本能够通过抽象劳动生产新价值，从而能够生产出可以变化的剩余价值。由此产生了以生产资料为物质内容的不变资本和以劳动力为物质内容的可变资本的区分。

历史小贴士：

大卫·李嘉图

大卫·李嘉图（1772—1823），英国资产阶级古典政治经济学的主要代表之一，也是英国资产阶级古典政治经济学的完成者。

他生于英国一个犹太人家庭，父亲为证券交易所经纪人。12岁到荷兰商业学校学习，14岁随父从事证券交易。1793年独立开展证券交易活动，25岁时拥有200万英镑财产。后来，由于受到亚当·斯密的《国民财富的性质和原因的研究》一书的影响，激发了他对经济学研究的兴趣。从此，开始了他的政治经济学研究历程。其研究的领域主要包括货币和价格，对税收问题也有一定的造诣。李嘉图的主要经济学代表作，是1817年完成的《政治经济学及赋税原理》，书中阐述了他的税收理论。1819年他曾被选为下院议员，极力主张议会改革，支持自由贸易。李嘉图继承并发展了亚当·斯密的自由主义经济理论，认为限制国家的活动范围、减轻税收负担是增长经济的最好办法。1823年9月11日，大卫·李嘉图因一只耳朵的感染而去世，年仅51岁。

在《政治经济学及赋税原理》中，大卫·李嘉图表达了自己对价值理论的看法。首先，李嘉图不同意斯密关于劳动时间决定价值的规律，只适用于简单商品经济的观点，他认为劳动价值学说同样适用于资本主义社会，而且，他把劳动价值理论作为理解资本主义生产方式的基础和出发点。其次，他虽然继承了亚当·斯密对使用价值和交换价值的区分，但是，他也批判了斯密认为有些商品没有使用价值也有交换价值的错误观点。因为他认为，任何商品没有使用价值就不会有交换价值。这实际上已经把使用价值看作交换价值的物质承担者。再次，他还批判了亚当·斯密关于价值决定于劳动的二元规定的观点。李嘉图明确指出："商品的价值或其能交换的任何另一种商品的量，取决于其生产所需的相对劳动量，而不取决于付给这种劳动的报酬的多少。"最后，他意识到，成为价值源泉的劳动是人的活动，而且是社会规定的人的活动，价值只是社会规定的劳动的体现。

虽然马克思也将大卫·李嘉图视为"古典政治经济学的完成者"，但对他的价值理论还是持有一定的批判态度。马克思认为，李嘉图的研究至多只限于价值量，而且他所说的价值量决定于劳动时间这一规定，只适用于具有完全竞争特征的资本主义社会，而不适用于其他社会。在马克思看来，这句话的深层含义就是，"价值规律的充分发展，要以大工业生产和自由竞争的社会，即现代资产阶级社会为前提"。同时，马克思还批判了李嘉图另一个观点，即他把劳动的资产阶级形式看成是社会劳动的永恒的自然形式的观点。

三、剩余价值率

在说明了剩余价值产生的源泉之后，以此为基础，马克思进一步揭示剩余价值的本质，并提出了他的剩余价值率计算公式。

从生产过程的开端看，预付资本包括不变资本（c）和可变资本（v）两个部分；从生产过程的结果看，产出的产品价值 = c + v + m。其中 c 是生产资料的价值转变到新产品中来的那部分价值，它由不变资本变动而来。v + m 是指新生产出来的价值，包括劳动力价值和剩余价值两个部分，它由可变资本部分变动而来。由此可见，剩余价值只同可变资本有关系，而与不变资本没关系。

所以，马克思给出了他的剩余价值率公式：m′ = m/v。因为剩余价值只是可变资本增殖的结果，所以，可变资本价值增殖的比率就是剩余价值率。同时，剩余价值率公式还有另外一种表述方式，即通过剩余劳动时间和必要劳动时间来表示。

由于在资本主义商品生产过程中，雇佣工人的劳动时间分为必要劳动时间和剩余劳动时间。必要劳动时间是劳动力再生产自己劳动力价值所耗费的时间。剩余劳动时间是劳动力超过必要劳动时间界限多工作的劳动时间，这段时间形成剩余价值。马克思指出：“工人超出必要劳动的界限做工的时间，虽然耗费工人的劳动，耗费劳动力，但并不为工人形成任何价值，这段时间形成剩余价值，剩余价值以从无生有的全部魅力引诱着资本家。”可见，在马克思看来，形成剩余价值的剩余劳动存在的制度基础是资本主义制度，它的实质是雇佣工人无偿地为资本家劳动，他同时把剩余价值看作只是剩余劳动时间的凝结，只是物化的剩余劳动，这对于认识剩余价值也具有决定性意义。因此，m′ = m/v 又可以表示为 m′ = 剩余劳动/必要劳动。

四、工作日

在资本主义发展的早期，资本家榨取工人的剩余价值主要依靠延长工作日的方法，即资本家的绝对剩余价值生产方式。所谓绝对剩余价值是在劳动生产率和劳动强度不变前提下，由工作日绝对延长而增大的剩余劳动时间形成的，它以工作日的长度为基础。由此，工作日的长度就成了绝对剩余价值生产的中心问题。

（一）工作日的界限

工作日由必要劳动和剩余劳动两部分组成。必要劳动由不断再生产出工人的正常劳动力所必需的劳动时间决定，本身是可变量，马克思假定其不变。这时，工作日随剩余劳动的长度而变化。但是工作日变动是有界限的，最低界限无法确定，但剩余劳动不能为零，因为，资本主义生产的性质决定剩余劳动必须存在。工作日有一个最高界限，这取决于两点；第一，劳动力的身体界限；第二，道德界限，工人必须有时间满足精神的和社会的需要，这个范围和数量内一般的文化状况决定。这两个界限都有很大的伸缩性，有很大的变动余地。

（二）工作日的二律背反

马克思认为，在工作日界限的确定问题上，存在着**二律背反**，工作日界限的确定最终取决于劳资双方之间的力量对比。

名词解释：

二律背反　是哲学术语，原出希腊文，指规律中的矛盾，在相互联系的两种力量的运动规律之间存在的相互排斥现象。主要是指自然界存在的两种运动力量之间呈此消彼长、此长彼消、相背相反的作用。例如，在同一个星球上，地面物体推动和地心引力的作用成反比，物体的推动力越大，地心引力对物体的作用越小，航空航天科学家据此计算出发射人造地球卫星所用的火箭必须具备多大的推力等等。作为哲学术语的二律背反源于德国著名哲学家康德，在他的哲学概念中，二律背反是指对同一个对象或问题所形成的两种理论或学说虽然各自成立但却相互矛盾的现象。

首先，资本家力求延长工作日。资本家生产更多剩余价值的重要方法就是延长工作日，这由资本的本性决定。资本家按等价交换原则购买劳动力使用权后，他就像买到其他商品一样，要充分利用它的使用价值，即尽量延长工作日，这是他的权利。“资本是根本不关心工人的健康和寿命的，除非社会迫使它去关心……这也并不取决于个别资本家的善意或恶意。自由竞争使资本主义生产的内在规律对每个资本家起作用。”

其次，工人要求正常工作日。从工人角度看，按照商品交换规律，劳动一日的售卖价格，必须能够使售卖者再生产自己的劳动力，保证每天都能在正常健康状况和正常的精神状态下劳动，这是劳动力的特殊性质给它的购买者规定的使用界限。如果资本家无限制延长工作日，在一天内使用掉工人三天恢复不过来的劳动力，实际上就是在一天之内出卖了三天的劳动力。资本家支讨给工人一天的代价，使用了工人三天的劳动力，这就违反了商品交换规律，是不等价交换，是对劳动力的掠夺。所以，工人要求正常工作日，要求得到劳动力的价值。

由于劳动力商品交换性质本身没有给工作日规定任何界限，也没有给剩余劳动时间规定任何界限，所以资本家坚持买者的权利，要求尽量延长工作日。与此同时，工人坚持卖者的权利，要求把工作日限制在一定的正常数量之内。双方的要求都有理，都能成立，但都是从各自的权利出发的，因此，出现了权利和权利的对抗。在工作日问题上，资本家和工人存在着不可调和的矛盾，形成二律背反现象。由于这两种权利都同样被商品交换规律所承认，所以在对抗的权利之间，力量就起决定作用。“在资本主义生产的历史上，工作日的正常化过程表现为规定工作日界限的斗争，这是全体资本家即资本家阶级和全体工人即工人阶级之间的斗争。”马克思用大量的事实分析说明了资本主义初期资本家对工人进行着残酷的绝对的剥削，也用资料说明了工人为争取正常工作日而进行的斗争。经过工人的长期斗争，最后把正常工作日确定为 8 小时。

我们已经知道，从价值增殖过程的角度来看，资本可以区分为不变资本和可变资本两部分。其中，剩余价值的最终来源是可变资本，而不是不变资本。同时，我们假定劳动力的价值是一个已知的不变量。那么，根据这个假设就可以知道剩余价值率，同时也就可以知道一个工人在一定的时间内为资本家提供的剩余价值量。

举个例子来说，一个工人在资本家的监督下一天工作 8 小时，如果必要劳动为 4 小时，表现为金额 100 元，那么，100 元就是一个劳动力的日价值，或者说，是购买一个劳动力所预付的可变资本。如果剩余价值率 100%，那么，这 100 元的可变资本就可以生产 100 元的剩余价值量，或者说，工人每天为资本家提供 4 小时的剩余劳动量。

我们已经知道，可变资本是资本家购买全部劳动力的总价值的货币表现。如果一个劳动力的日价值是 100 元，那么，资本家每天雇佣 100 个劳动力，就必须预付 10 000 元的资本，如果要雇用 n 个分动力，就必须预付 100 × n 元的资本。由此，可变资本价值 = 劳动力平均价值 × 劳动力总数。

在劳动力价值一定的情况下，可变资本的量同雇用的工人人数成正比。如果 100 元的可变资本是一个劳动力的日价值，每天可以生产 100 元的剩余价值。

第三节　疑难精读

生产要素的作用

马克思认为，商品的价值是由人的劳动创造的，在雇佣劳动条件下，商品的价值是由工人的劳动创造的。或者准确地说，商品的价值是由工人的抽象劳动创造的。也就是说，马克思认为抽象劳动是价值的唯一源泉。“一切劳动，从一方面看，是人类劳动力在生理学意义上的耗费；作为相用的或抽象的人类劳动，它形成商品的价值。一切劳动，从另一方面看，是人类劳动力在劳殊的有一定目的的形式上的耗费；作为具体的有用，劳动也生产使用价值。”

按照马克思所说，抽象劳动是价值的唯一源泉。但这似乎与我们日常经验不符合，因为生产资料的作用并没有被提到。那么，包括生产资料在内的生产要素在价值创造中究竟起到了什么作用呢？要回答这个问题，首先要弄清楚劳动创造价值的基本过程。

在劳动过程中，生产资料要么是劳动加工对象，要么是劳动使用的工具，它们自身的价值也是靠人的劳动转移到新的产品中去的，所以，其他生产要素不创造任何价值。只有人的劳动能够创造价值。一方面，工人的具体劳动创造出了商品的使用价值，并将原材料中的价值转移到新的商品中。如对纺织机器的操作生产出布匹等，通过工人的具体劳动，棉纱变成了布匹，棉纱和机器的（部分）价值也被转移到布匹之中。另一方面，劳动者在生产过程中付出的抽象劳动，创造了商品的新价值。上面的例子中就是织布工人在劳动过程中付出的抽象劳动凝结成为布匹的新价值。

弄清楚了劳动创造价值的原理，以及生产力与价值创造的变动关系后，生产要素在价值创造中的作用就容易说明了。生产要素在价值创造中的作用主要体现在两个方面：一方面，作为劳动对象，生产要素数量的增加，扩展了劳动创造价值的领域。随着科学技术的发展，人们的劳动对象呈现不断扩大的趋势，不同的生产领域劳动加工的对象不同，因而需要不同的生产要素加入其中。生产要素理论从“两要素”说发展到今天的“四要素”说、“五要素”说等，虽然理论上还没有取得一个确定的划分种类，但随着科技的发展，各种生产要素在劳动中的作用正在被重新认识。要素扩展了，生产劳动创造价值的领域也随之扩大了。另一方面，作为劳动工具，生产要素质量的提高，降低了单位产品的价值量的创造。在同样的劳动时间情况下，虽然先进机器设备的应用并不增加商品的价值总量，但由于劳动生产率的提高增加了商品使用价值的总量，所以，单位商品的价值量下降了。

第四节　拓展阅读

八小时工作日的来历

今天，我们享受着 8 小时工作制，似乎已是理所当然，甚至有人呼吁希望工作时间能够更短一点。随着社会的发展和进步，留给个人的余暇时间越来越多，对此，谁也不会怀疑。但是，我们不应该忘记，8 小时工作制并非从天而降，为了争取这个生存的基本权利，工人先驱们曾经付出了艰苦的长期斗争，甚至献出了鲜血和生命。

“五一”国际劳动节，便正是这段历史的永远见证。

美国芝加哥的秣市广场，便是这段历史的起源地。19 世纪 80 年代，为了刺激经济的高速发展，榨取更多的剩余价值，资本家不断采取增加劳动时间和劳动强度的办法来残酷地剥削工人。1883年，美国工人平均日工作超过10小时，每天工作12至15个小时的现象非常普遍。在很多工厂，白班倒夜班时，工人会连轴干24小时。马萨诸塞州一个鞋厂的监工说：“一个身强力壮体格健全的18岁小伙子，在这里的任何一架机器旁边工作，我能够使他在22岁时头发变成灰白。”

1884年美国劳工联合会等8个劳工组织集会决定，在1886年5月1日发起一个争取8小时工作日运动，在大会决议中这样写到：“自1886年5月1日起，8小时应成为每日劳动的法定时数。”劳工联合会鼓励劳工代表就缩短工时去进行协商，如果谈判失败，就作好罢工的准备。在一份通知中这样写道：“起来，美国的劳工们！1886年5月1日那一天放下你的工具，撂下你的活，关闭工厂和矿场——一年就这一天。这是反叛的一天——非休闲之日”，“这是劳工制定自己的法律，并有权将其付诸实施的一天！”“这是开始享受‘8小时工作，8小时休息，另外8小时任凭自己支配’的日子。”据劳工历史学家菲利普·福纳分析，之所以选择5月1日开展争取8小时工作日运动，是因为在寒冷的冬天，建筑业工作机会很少，为了生活，工人们往往有活就干，游行罢工很难组织。

1886年5月1日，美国有近50万工人参加了大规模的全国性罢工。在芝加哥，“8万名工人沿着密歇根大道行进”，随后几天，活动的声势越来越大。在一些资料中我们可以看到这样的描述：“火车变成了僵蛇，商店鸦雀无声，仓库也都关门并贴上封条。”在罢工工人中流行着一首“八小时之歌”，歌中唱道：“我们要把世界变个样，我们厌倦了白白的辛劳，光得到仅能糊口的工饷，从没有时间让我们去思考。我们要闻闻花香，我们要晒晒太阳，我们相信：上帝只允许八小时工作日。我们从船坞、车间和工场，召集了我们的队伍，争取八小时工作，八小时休息，八小时归自己！”

激昂的歌声唱出了工人的心声，也唱出了全世界无产者的共同愿望。

5 月 3 日，芝加哥政府当局终于撕下了“民主”的假面具，开始用暴力镇压工人。那天，6 000 名伐木工会会员在举行大会，罢工破坏者故意制造混乱，当局以此为借口向工人开了枪，造成多人死伤。5 月 4 日晚上 7 点半，3 000 多名工人聚集芝加哥秣市广场，为死难工友们举行追悼会。在警察来临之前，会议秩序井然。就在大会即将结束时，200 名武装警察冲进了会场，命令集会解散。与头一天同出一辙，当工人们提出抗议，“轰!”突然响起了一阵强烈的爆炸声，罢工破坏者故意向人群投掷了一颗炸弹。于是，政府立即调动大批军警，疯狂向工人队伍开枪，那是一个血腥的日子。200 多名工人被打死打伤，更多的工人被逮捕。

芝加哥工人的鲜血，燃起了全美工人斗争的烈火，并迅速蔓延到欧洲和世界各地。在世界进步舆论的支持下，1 个月后，美国政府终于宣布实施 8 小时工作制。有统计表明，罢工工人每周工作时数自 60 多小时减少至低于 50 小时。两年后，美国劳工联合会又一次决定，在 1890 年 5 月 1 日将再次举行罢工和示威游行，以进一步落实 8 小时工作制。1889 年 7 月 14 日，第二国际在巴黎隆重开幕。法国代表拉文提议，把 1886 年 5 月 1 日美国工人争取八小时工作制的斗争日，定为国际无产阶级的共同节日。代表们一致通过了这项具有历史意义的决议。1890 年 5 月 1 日，规模宏大的五一示威游行在全世界各地同时举行，从此，劳动者有了自己的节日。

资料显示，庆祝五一劳动节的活动在中国出现始于 1918 年。当时，一些革命的知识分子在上海、苏州、杭州、汉口等地向群众散发介绍“五一”的传单。1920 年 5 月 1 日，上海、广州、九江、唐山等工业城市的工人群众浩浩荡荡地走上街头，举行了声势浩大的五一游行集会。中华人民共和国成立后，劳动人民成了国家的主人。1949 年 12 月，中央人民政府政务院宣布，五一国际劳动节为法定的节日。从此，每逢这一天，举国欢庆，举行各种庆祝活动，政府还会对有突出贡献的劳动者进行表彰，劳动和劳动者受到最高的礼遇。

第四章 相对剩余价值的生产

第一节 原著导读

第十章 相对剩余价值的概念

……

我把通过延长工作日而生产的剩余价值，叫作绝对剩余价值；相反，我把通过缩短必要劳动时间、相应地改变工作日的两个组成部分的量的比例而生产的剩余价值，叫作相对剩余价值。

要使劳动力的价值降低，生产力的提高必须扩展到这样一些产业部门，这些部门的产品决定劳动力的价值，就是说，它们或者属于日常生活资料的范围，或者能够代替这些生活资料。但是，商品的价值不仅取决于使商品取得最终形式的那种劳动的量，而且还取决于该商品的生产资料所包含的劳动量。例如，皮靴的价值不仅取决于鞋匠的劳动，而且还取决于皮革、蜡、线等等的价值。因此，那些为生产必要生活资料提供不变资本物质要素（劳动资料和劳动材料）的产业部门中生产力的提高，以及它们的商品相应的便宜，也会降低劳动力的价值。相反，那些既不提供必要生活资料、也不为制造必要生活资料提供生产资料的生产部门中生产力的提高，不会影响劳动力的价值。

变得便宜的商品当然只是相应地，即只是按照该商品在劳动力的再生产中所占的比例，降低劳动力的价值。例如，衬衫是一种必要生活资料，但只是许多种必要生活资料中的一种。这种商品变得便宜只会减少工人购买衬衫的支出。但是必要生活资料的总和是由各种商品，各个特殊产业部门的产品构成的，每一种这样的商品的价值总是劳动力价值的一个相应部分。劳动力价值随着它的再生产所必要的劳动时间的缩短而降低，这种必要劳动时间的全部缩短等于所有这些特殊生产部门中这种劳动时间缩短的总和。在这里我们把这个总结果看成好像是每个个别场合的直接结果和直接目的。当一个资本家提高劳动生产力来使例如衬衫便宜的时候，他决不是必然抱有相应地降低劳动力的价值，从而减少必要劳动时间的目的；但是，只要他最终促成这个结果，他也就促成一般剩余价值率的提高。必须把资本的一般的、必然的趋势同这种趋势的表现形式区别开来。

第十一章　协　作

……

我们所以着重指出，许多相互补充的劳动者做同一或同种工作，是因为这种最简单的共同劳动的形式即使在最发达的协作形态中也起着重大作用。如果劳动过程是复杂的，只要有大量的人共同劳动，就可以把不同的操作分给不同的人，因而可以同时进行这些操作，这样，就可以缩短制造总产品所必要的劳动时间。

……

和同样数量的单干的个人工作日的总和比较起来，结合工作日可以生产更多的使用价值，因而可以减少生产一定效用所必要的劳动时间。不论在一定的情况下结合工作日怎样达到生产力的这种提高：是由于提高劳动的机械力，是由于扩大这种力量在空间上的作用范围，是由于与生产规模相比相对地在空间上缩小生产场所，是由于在紧急时期短时间内动用大量劳动，是由于激发个人的竞争心和振奋他们的精力，是由于使许多人的同种作业具有连续性和多面性，是由于同时进行不同的操作，是由于共同使用生产资料而达到节约，是由于使个人劳动具有社会平均劳动的性质，在所有这些情形下，结合工作日的特殊生产力都是社会的劳动生产力或社会劳动的生产力。这种生产力是由协作本身产生的。劳动者在有计划地同别人共同工作中，摆脱了他的个人局限，并发挥出他的种属能力。

……

一切规模较大的直接社会劳动或共同劳动，都或多或少地需要指挥，以协调个人的活动，并执行生产总体的运动——不同于这一总体的独立器官的运动——所产生的各种一般职能。一个单独的提琴手是自己指挥自己，一个乐队就需要一个乐队指挥。一旦从属于资本的劳动成为协作劳动，这种管理、监督和调节的职能就成为资本的职能。这种管理的职能作为资本的特殊职能取得了特殊的性质。

首先，资本主义生产过程的动机和决定目的，是资本尽可能多地自行增殖，也就是尽可能多地生产剩余价值，因而也就是资本家尽可能多地剥削劳动力。随着同时雇用的工人人数的增加，他们的反抗也加剧了，因此资本为压制这种反抗所施加的压力也必然增加。资本家的管理不仅是一种由社会劳动过程的性质产生并属于社会劳动过程的特殊职能，它同时也是剥削一种社会劳动过程的职能，因而也是由剥削者和他所剥削的原料之间不可避免的对抗决定的。

……

上面所考察的简单形态的协作，是同规模较大的生产结合在一起的，但是并不构成资本主义生产方式的一个特殊发展时代的固定的具有特征的形式。它至多不过在仍然保持手工业性质的初期工场手工业中，在那种和工场手工业时期相适应的、仅仅由于同时使用的工人的数量和所积聚的生产资料的规模才和农民经济有本质区别的大农业中，近似地表现出来。简单协作在那些大规模运用资本而分工或机器还不起重大作用的生产部门，始终是占统治的形式。

虽然协作的简单形态本身表现为同它的更发展的形式并存的特殊形式，协作仍然是资本主义生产方式的基本形式。

第十二章　分工和工场手工业

1. 工场手工业的二重起源

以分工为基础的协作，在工场手工业上取得了自己的典型形态。这种协作，作为资本主义生产过程的具有特征的形式，在真正的工场手工业时期占居统治地位。这个时期大约从 16 世纪中叶到 18 世纪最后 30 年。

工场手工业是以两种方式产生的。

……

可见，工场手工业的产生方式，它由手工业形成的方式，是二重性的。一方面，他以不同种的独立手工业的结合为出发点，这些手工业非独立化和片面化到了这种程度，以致它们在同一个商品的生产过程中成为只是互相补充的局部操作。另一方面，工场手工业以同种手工业者的协作为出发点，它把这种个人手工业分成各种不同的特殊操作，使之孤立和独立化到这种程度，以致每一种操作成为一个特殊工人的专门职能。因此，一方面工场手工业在生产过程中引进了分工，或者进一步发展了分工，另一方面它又把过去分开的手工业结合在一起。但是不管它的特殊的出发点如何，它的最终形态总是一样的：一个以人为器官的生产机构。

2. 局部工人及其工具

如果我们进行更仔细的考察，那么首先就可以清楚地看到，终生从事同一种简单操作的工人，把自己的整个身体转化为这种操作的自动的片面的器官，因而他花费在这一操作上的时间，比顺序地进行整个系列的操作的手工业者要少。但是，构成工场手工业活机构的结合总体工人，完全是由这些片面的局部工人组成的。因此，与独立的手工业比较，在较短时间内能生产出较多的东西，或者说，劳动生产力提高了。在局部劳动独立化为一个人的专门职能之后，局部劳动的方法也就完善起来。经常重复做同一种有限的动作，并把注意力集中在这种有限的动作上，就能够从经验中学会消耗最少的力量达到预期的效果。又因为总是有好几代工人同时在一起生活，在同一些手工工场内共同劳动，所以，这样获得的技术上的诀窍就能巩固、积累并迅速地传下去。

3. 工场手工业的两种基本形式——混成的工场手工业和有机的工场手工业

工场手工业的组织有两种基本形式。这两种形式虽然有时交错在一起，但仍然是两个本质上不同的类别，而且特别在工场手工业后来转化为使用机器的大工业时，起着完全不同的作用。这种二重性起源于制品本身的性质。制品或者是由各个独立的局部产品纯粹机械地装配而成，或者是依次经过一系列互相关联的过程和操作而取得完成的形态。

例如，机车是由5 000多个独立部件组成的。但是它不能算作第一类真正工场手工业的例子，因为它是大工业的产物。钟表才是最好的例子。

……

第二类工场手工业，是工场手工业的完成形式，它生产的制品要经过相互联系的发展阶段，要顺序地经过一系列的阶段过程，例如，制针手工工场的针条要经过72个甚至92个专门的局部工人之手。

4. 工场手工业内部的分工和社会内部的分工

我们首先考察了工场手工业的起源，接着考察了它的简单要素——局部工人及其工具，最后考察了它的总机构。现在我们简单地叙述一下工场手工业分工和构成一切商品生产的一般基础的社会分工之间的关系。

单就劳动本身来说，可以把社会生产分为农业、工业等大类，叫作一般的分工；把这些生产大类分为种和亚种，叫作特殊的分工；把工场内部的分工，叫作个别的分工。

……

因为商品生产和商品流通是资本主义生产方式的一般前提，所以工场手工业的分工要求社会内部的分工已经达到一定的发展程度。相反地，工场手工业分工又会发生反作用，发展并增加社会分工。随着劳动工具的分化，生产这些工具的行业也日益分化。一旦工场手工业的生产扩展到这样一种行业，即到目前为止作为主要行业或辅助行业和其他行业联系在一起、并由同一生产者经营的行业，分离和互相独立的现象就会立即发生。一旦工场手工业的生产扩展到某种商品的一个特殊的生产阶段，该商品的各个生产阶段就转化为各种独立的行业。前面已经指出，在制品是一个由局部产品纯粹机械地装配成的整体的地方，局部劳动又可以独立化为特殊的手工业。为了使工场手工业内部的分工更完善，同一个生产部门，根据其原料的不同，根据同一种原料可能具有的不同形式，而分成不同的有时是崭新的工场手工业。

5. 工场手工业的资本主义性质

人数较多的工人受同一资本家指挥，既是一般协作的自然起点，也是工场于工业的自然起点。反过来，工场手工业的分工又使所使用的工人人数的增加成为技术上的必要。现在，单个资本家所必须使用的最低限额的工人人数，要由现有的分工来规定。另一方面，要得到进一步分工的利益，就必须进一步增加工人人数，而且只能按倍数来增加。但是随着资本的可变组成部分的增加，资本的不变组成都分也必须增加，建筑物、炉子等共同生产条件的规模要扩大，原料尤其要增加，而且要比工人人数快得多地增加。由于分工，劳动生产力提高了，一定劳动量在一定时间内消耗的原料数量也就按比例增大。因此，单个资本家手中的资本最低限额越来越增大，或者说，社会的生活资料和生产资料越来越多地转化为资本，这是由工场手工业的技术性质产生的一个规律。

第十三章　机器和大工业

1. 机器的发展

……

生产方式的变革，在工场手工业中以劳动力为起点，在大工业中以劳动资料为起点。因此，首先应该研究，劳动资料如何从工具转化为机器，或者说，机器和手工业工具有什么区别。这里只能谈谈显著的一般的特征，因为社会史上的各个时代，正如地球史上的各个时代一样，是不能划出抽象的严格的界限的。

……

所有发达的机器都由三个本质上不同的部分组成：发动机，传动机构，工具机或工作机。发动机是整个机构的动力。它或者产生自己的动力，如蒸汽机、热力机、电磁机等；或者接受外部某种现成的自然力的推动，如水车受落差水推动，风磨受风推动等。传动机构由飞轮、转轴、断轮、蜗轮、杆、绳索、皮带、联结装置以及各种各样的附件组成。它调节运功，在必要时改变运功的形式（例如把垂直运动变为圆形运功），把运动分配并传送到工具机上。机构的这两个部分的作用，仅仅是把运动传给工具机，由此工具机才抓住劳动对象，并按照一定的目的来政变它。机器的这一部分——工具机，是18世纪工业革命的起点。在今天，每当手工业或工场手工业生产过渡到机器生产时，工具机也还是起点。

2. 机器的价值向产品的转移

……

很明显，如果生产一台机器所费的劳动，与使用该机器所节省的劳动相等，那么这只不过是劳动的变换，就是说，生产一个商品所需要的劳动总量没有减少，或者说，劳动生产力没有提高。但是，机器所费的劳动和它所节省的劳动之间的差额，或机器生产率的高低，显然不是由机器本身的价值和它所代替的工具的价值之间的差额来决定的。只要机器所费的劳动，从而机器加到产品上的价值部分，小于工人用自己的工具加到劳动对象上的价值，这种差额就一直存在。因此，机器的生产率是由它代替人类劳动力的程度来衡量的。

……

如果只把机器看作使产品便宜的手段，那么使用机器的界限就在于：生产机器所费的劳动要少于使用机器所代替的劳动。可是对资本说来，这个界限表现得更为狭窄。因为资本支付的不是所使用的劳动，而是所使用的劳动力的价值，所以，对资本说来，只有在机器的价值和它所代替的劳动力的价值之间存在差额的情况下，机器才会被使用。

3. 机器生产对工人的直接影响

……

劳动力的价值不只是决定于维持成年工人个人所必需的劳动时间，而且决定于维持工人家庭所必需的劳动时间。机器把工人家庭的全体成员都抛到劳动市场上，就把男劳动力的价值分到他全家人身上了。因此，机器使男劳动力贬值了。购买例如有四个劳动力的一家人，也许比以前购买家长一个劳动力花费得多些，但现在四个工作日代替了原来的一个工作日，劳动力的价格按照四个工作日的剩余劳动超过一个工作日的剩余劳动的比例而下降了。现在，一家人要维持生活，四口人不仅要给资本提供劳动，而且要给资本提供剩余劳动。因此，机器从一开始，在增加人身剥削材料，即扩大资本固有的剥削领域的同时，也提高了剥削程度。

4. 工 厂

……

在工场手工业和手工业中，是工人利用工具，在工厂中，是工人服侍机器。在前一种场合，劳动资料的运动从工人出发，在后一种场合，则是工人跟随劳动资料的运动。在工场手工业中，工人是一个活机构的肢体。在工厂中，死机构独立于工人而存在，工人被当作活的附属物并入死机构。

5. 工人和机器之间的斗争

资本家和雇佣工人之间的斗争是同资本关系本身一起开始的。在整个工场手工业时期，这场斗争一直如火如荼地进行着。但只是在采用机器以后，工人才开始反对劳动资料本身，即反对资本的物质存在方式。工人奋起反对作为资本主义生产方式的物质基础的这种一定形式的生产资料。

6. 关于被机器排挤的工人会得到补偿的理论

……

虽然机器在应用它的劳动部门必然排挤工人，但是它能引起其他劳动部门就业的增加。不过，这种作用同所谓的补偿理论毫无共同之处。因为任何一种机器产品，例如一码机织布总是比被它排挤的同种手工产品便宜，所以就产生一条绝对的规律：如果机器生产的物品的总量同它所代替的手工业或工场手工业生产的物品的总量相等，那么，所使用的劳动总量就要减少。生产劳动资料本身如机器、煤炭等等所需要的劳动量的增加，同使用机器而引起的劳动量的减少相比，必然较小。不然的话，机器产品就会同手工产品一样贵，或者更贵。但是事实上，人数减少了的工人所生产的机器制品总量不是不变，而是远远超过被排挤的手工业制品的总量。

7. 工人随机器生产的发展而被排斥和吸引。棉纺织业的危机

……

可见，工厂工人人数的增加以投入工厂的总资本在比例上更迅速得多的增加为条件。但是，这个过程只是在工业循环的退潮期和涨潮期内实现。它还经常被技术进步所打断，这种进步有时潜在地代替工人，有时实际地排挤工人。机器生产中这种质的变化，不断地把工人逐出工厂，或者把新的补充人员的队伍拒之门外，而工厂的单纯的量的扩大在把被逐出的工人吸收进来的同时，还把新的人员吸收进来。工人就这样不断被排斥又被吸引，被赶来赶去，而且被招募来的人的性别、年龄和熟练程度也不断变化。

8. 大工业所引起的工场手工业手工业和家庭劳动的革命

……

我现在来谈谈所谓家庭劳动。为了对这个在大工业的背景下建立起来的资本的剥削领域和它的骇人听闻的状况有个简略的了解，不妨考察一下例如英格兰某些偏僻乡村经营的那些表面上充满田园风味的制钉业。不过在这里，只要从花边业和草编业中完全没有采用机器，或者同机器生产和工场手工业生产完全没有发生竞争的部门中举出几个例子就够了。

9. 工厂立法（卫生条款和教育条款）。它在英国的普遍实行

……

10. 大工业和农业

……

第二节 理论解读

一、相对剩余价值的概念

在前面研究绝对剩余价值生产过程中，马克思把工作日中的必要劳动时间假定为一个不变量，那么，剩余劳动时间的延长就决定了工作日的长度。马克思把这种用延长工作日来生产剩余价值的生产方式，叫作绝对剩余价值生产。但是，资本家绝对延长工作日的方式受到了工人激烈的抵抗，所以他们转向了相对剩余价值生产。

（一）概念解析

马克思把通过缩短必要劳动时间，相应地改变工作日的两个组成部分的量的比例而生产的剩余价值，叫作相对剩余价值。

例如，我们假定工作日的长度为12小时，其中必要劳动时间为10小时（AB），剩余劳动时间为2小时（BC）。在这种情况下，如果不延长工作日12小时（AC），要延长剩余劳动时间（BC），唯一的办法只有缩短AB相应地延长BC，比如说，BC延长一小时，则必要劳动时间由10小时缩短为9小时，剩余劳动时间由2小时增加到3小时。可见，“在工作日长度一定的情况下，剩余劳动的延长必然是由于必要劳动时间的缩短，而不是相反，必要劳动的缩短是由于剩余劳动时间的延长”。

那么，如何才能使必要劳动时间缩短，而相应地延长剩余劳动时间呢？要做到这一点，必须通过提高劳动生产力来降低劳动力的价值，从而缩短再生产劳动力价值所必要的劳动时间。要降低劳动力的价值，就必须提高那些生产生活资料部门的生产力，使劳动力所需要的生活资料的价值降低，从而劳动者消费同样多的生活资料，但生产这些生活资料的必要劳动时间却缩短了。也就是说，那些生产生活资料部门的生产力的提高，降低了劳动力的价值。简单一点说，就是劳动力所需要消费的商品便宜了，劳动力的价值也就降低了。

便宜的商品相应降低劳动力的价值，但是构成劳动力所必需的生活资料是由各种商品构成的，因此，劳动力价值的降低等于全部必要生活资料价值都要降低。所以马克思说："劳动力价值随着劳动力再生产所必要的劳动时间的减少而降低，这种劳动时间的全部减少等于所有这些特殊生产部门劳动时间减少的总和。"

（二）超额剩余价值

提高劳动生产力，使生活资料便宜，相应地降低劳动力价值，缩短必要劳动时间，增加剩余劳动时间，促成一般剩余价值率的提高，这只是资本的必然趋势，而不是资本家的直接目的。资本家的直接目的是获取超额剩余价值。其实，相对剩余价值生产，就是在各个资本家追逐超额剩余价值的竞争过程中实现的。

我们可以举个例子来说明超额剩余价值的产生过程。假设一小时劳动用金钱来表示是0.5元，那么，一个12小时工作日就会生产出6元的价值。假定在一定的劳动生产力的条件下，在这个12小时劳动时间内制造12件商品，每件商品用掉的生产资料、原料等的价值是1元。在这种情况下，每件商品价值则为1元，即0.5元是生产资料的价值，0.5元是加工时新加进的价值。现在假定有一个资本家使劳动生产力提高一倍，在一个12小时工作日中不是生产12件这种商品，而是生产24件。在生产资料的价值不变的情况下，每件商品的价值就会降低到0.75元，即0.5元是生产资料的价值，0.25元是最后的劳动新加进的价值。生产力虽然提高一倍，但是一个工作日仍然同从前一样只创造6元新价值，不过这6元新价值现在分散在增加了一倍的产品上。也就说，这6元新价值分摊在每件产品上的不是这个总价值的1/12，而是1/24，不是0.5元，而是0.25元，此时，在生产资料变成产品时，就每件产品来说，现在加到生产资料上的，不像从前那样是一个小时的劳动时间，而是半小时的劳动时间。现在，这个商品的个别价值低于它的社会价值，就是说，这个商品所花费的劳动时间，少于在社会平均条件下生产的大宗同类商品所花费的劳动时间。每件商品平均花费1元，或者说，代表2小时社会劳动，在生产方式发生变化以后，它只花费0.75元，或者说，只包含1.5个劳动小时。

但是，商品的现实价值不是它的个别价值，而是它的社会价值，就是说，它的现实价值不是用生产者在个别场合生产它所实际花费的劳动时间来计算，而是用生产它所必需的社会劳动时间来计量。因此，如果采用新方法的资本家按1元这个社会价值出售自己的商品，那么他的商品的售价就超出它的个别价值0.25元，这样他就实现了0.25元的超额剩余价值。可见，超额剩余价值是由于商品的个别价值低于社会价值获得的，因此，每个资本家都抱着提高劳动生产力来使商品便宜的动机。

那么，是不是资本家能够一直获得超额剩余价值呢，答案是否定的。因为在**竞争规律**的作用下，必然迫使他的竞争对手们也采取新的生产方式，提高劳动生产力。当新的生产方式被普遍采用，劳动生产力普遍提高以后，原来获得超额剩余价值的资本家所生产的商品的个别价值同社会价值的差额就会消失，从而他就不能再获得超额剩余价值，而只能获得一般的相对剩余价值。这时候，又会有一些劳动生产力更高的企业的资本家获得超额剩余价值。资本家为追逐超额剩余价值的竞争，其结果是使社会劳动生产力不断提高，最终获得相对剩余价值。也就是说，相对剩余价值是各个资本家追逐超额剩余价值的结果。

名词解释：

竞争规律是指商品经济中各个不同的利益主体，为了获得最佳的经济效益，互相争取有利的投资场所和销售条件的客观必然性，它和价值规律一样，都是商品经济固有的规律。它起着如下作用：第一，实现产品的价值与市场价格。第二，通过竞争，促使各种商品生产实现优胜劣汰，不仅能够促进资源的最佳配置，而且实现了市场的新陈代谢。第三，竞争能够推动社会技术进步，推动企业创新。

二、协作

自15世纪起，资本主义生产经过了简单协作、工场手工业、机器大工业三个不同的历史阶段。这三个阶段的历史过程，是劳动生产力不断提高，资本主义逐步发展的过程，也是资本家不断加强对工人的剥削，增加更多的相对剩余价值生产的过程。

所谓协作，按照马克思的说法是“许多人在同一生产过程中，或在不同的但互相联系的生产过程中，有计划地一起协同劳动，这种劳动形式叫作协作”。协作只是一种劳动形式，它必须依附一定的生产组织之中，在资本主义发展的第一阶段，协作是没有细致分工的简单协作，进入第二阶段后，协作是以分工为基础的复杂协作。在第三阶段的资本主义机器大生产时期，是更复杂更细致的协作。

资本主义协作不同于一般的简单协作，它具有自身的特点：

第一，资本主义协作是以资本家的私有制为基础，以雇佣劳动为前提的。资本主义协作的产生需要具备一定的物质条件，资本家拥有一定量的最低限度的资本就是这种协作产生的物质条件。首先，必须有一定量的可变资本。资本家必须雇佣一定量的工人，把他们集结在一起，才能进行共同的协同劳动。给雇佣工人必须支付工资，因此协作的规模首先取决于单个资本家拥有多大的可变资本来雇佣多少工人。其次，还必须有一定量的不变资本。

第二，资本主义协作是在资本家的指挥和管理下进行的。任何社会的共同劳动都需要有一个统一的指挥。因为在共同劳动中，随着许多雇佣工人的协作，资本的指挥发展成为劳动过程本身的进行所必要的条件，成为实际的生产条件。一切规模较大的直接社会劳动或共同劳动或多或少地需要指挥，以协调个人的活动，并执行生产总体的运动的一般职能。正如马克思所说，一个单独的提琴手是自己指挥自己，一个乐队就需要一个乐队指挥。这就说明，不论社会制度如何，凡是许多人集合在一起进行共同劳动，都需要统一的指挥和管理。

第三，协作所创造的新生产力成为资本的内在的生产力。工人作为劳动力的出卖者，一进入劳动过程，便并入资本。协作所创造的新生产力是在劳动力并入资本之后发生的。这种新生产力本来是一种社会的或集体的力量，却好像是由资本产生的，似乎是资本天然具有的内在的生产力。这样，协作所创造的新生产力及其所带来的好处，全部被资本占有了。

此外，我们还需要了解的是，表面上看，协作似乎是资本主义生产的特有形式，但实际上，简单协作并非为资本主义生产所独有，它也不是资本主义生产方式固有的特殊形式。但是，在资本主义初期，以及后来在那些大规模地运用资本而分工或机器还不起重大作用的生产部门，简单协作始终是占统治地位的劳动形式。简单协作又是更发展的协作形式的基础，所以它仍然是资本主义生产方式的基本形式。这就说明，资本主义协作，一方面体现了使劳动过程转化为社会化劳动过程的历史必然性，这是它的历史进步性；另一方面它又使劳动过程这种社会形式表现为剥削劳动力的一种方法，即生产相对剩余价值的方法，这是它的历史局限性。这样，生产社会化和生产成果的私人资本主义占有这个资本主义生产方式的基本矛盾，从这种生产方式确立时起就产生了，并预示着这种生产方式的必然灭亡。

三、分工和工场手工业

（一）两重起源

工场手工业的两重起源，指的是工场手工业的两种产生方式。

一种是资本家把不同行业的独立手工业者联合在一个工场里，实行分工协作，共同生产一种产品。例如马车过去是由很多的独立手工业者，如马车匠、马具匠、裁缝、钳工、铜匠、旋工、玻璃匠、彩画匠、油漆匠、抽金匠等分别独立完成。但是，资本家却将他们联合在一个马车工场里，他们在那里协力进行劳动．马车便是他们的劳动总产品。到此为止，我们的立足点还是简单协作，它在人和物方面的材料都是现成的，但是很快发生了本质的变化。这种质变表现在：一方面，他们逐渐失去了全面地从事原有手工业的习惯和能力，另一方面他们又发展一个方面的专长。另一种是资本家把同行的许多手工业者组织在一个工场里，实行分工，在互相衔接的不同工序上进行某种操作，共同完成一种产品，如制针工场。

这两种手工工场既有区别点，又有共同点。它们的区别点是，一种是以不同种的独立手工业的结合为出发点，另一种是以同种的手工业的协作为出发点。前者在生产过程中实行分工，后者在生产过程中引起了分工或者进一步发展了分工。它们的共同点则是，不管这两种生产方式的出发点如何，资本家都把原来独立的手工业者集中起来，使其分工专门化，使整个手工工场形成一个以人为器官的生产机构，而每个工人只是这个总机构中的一个**局部工人**。

显而易见，工场手工业分工呈现如下特点：首先，生产过程被分解为各个特殊阶段，是同手工业活动分成各种不同的局部操作完全一致的，不管操作是复杂或者是简单，它仍然是手工业性质的，产品经过的每一个过程都是局部的手工劳动完成的。这种狭隘的手工技术基础，使生产过程得不到真正科学的分解。其次，每个工人都成为局部工人，他的劳动力变成了终身从事局部工作的器官。最后，这种以分工为基础的操作的许多优越性，都是由简单协作产生的。

（二）两种基本形式

工场手工业的组织形式有两种基本形式。这两种基本形式是由制品本身的两种不同性质引起的。一类制品是由各个独立的局部产品纯粹机械地组合而成，如钟表、马车等，这种形式叫作混合工场手工业。另一类制品是依次经过一系列互相关联的过程和操作而取得完成的形态，如制针、缝衣服等。

混成的工场手工业生产的产品零件，有的在工厂里通过协作劳动制造，有的则由各个独立的手工业者分散生产。资本家为了节省厂房等生产费用，就把零件交给在家里劳动的工人去生产，按质按量按时交货，最后由装配工人组装成成品，如钟表业就是如此。这种工场手工业是它的不完善形式，因为它的组织形式比较松散，容易解体。

有机的工场手工业则是工场手工业的完成形式。因为它的生产联系较为紧密，组织形式较为巩固。例如制针业就属于这种形式，这种工场手工业把原来分散的手工业者结合在一起，实行有机联系的分工、它生产的制品要经过互相联系的生产过程，这样就能缩短各个特殊阶段的空间距离，在时间上顺序进行，在空间上同时并进，从而提高了劳动生产力，这种提高是由工场手工业的一般协作性质产生的。另一方面，工场手工业特有的分工原则，使不同的生产阶段孤立起来，使在这些阶段上的局部劳动互相独立进行。要是各个孤立的职能之间建立和保持联系，制品就能不断地由一个人之手转到另一个人之手，由一个过程转到另一个过程。从大工业的角度来看，这种传递方式不仅效率低，而且也浪费人力，这正是工场手工业所固有的局限性。

（三）两种分工

工场手工业的主要特征是分工。这种分工主要表现为两种：一是社会内部的分工，二是工场手工业内部的分工。那么，这两种分工有哪些相似点，又有哪些本质区别呢？

一方面，二者的相似点。

首先从两种分工产生的历史过程看，社会内部的分工同工场手工业内部的分工一样，是从相反的两个起点发展起来的。第一个起点，在家庭内部，随后在氏族内部，由于性别和年龄的差别，也就在纯生理的基础上产生了一种自然的分工。随着公社的扩大和人口的增长，特别是各氏族间的冲突，一个民族征服另一个民族，这种分工的材料也扩大了。第二个起点是，在不同的家庭、氏族和公社之间互相接触的地方产生了产品交换，因为在史前文化的初期，不同的公社在各自的自然环境中，找到了不同的生产资料和不同的生活资料，因此他们的生产方式、生活方式和产品也就各不相同。

其次，从两种分工的物质前提看，工场手工业内部的分工，必须以同时使用一定量工人为前提。不难想象，没有一定数量的工人在一起工作，是不可能进行什么分工的。同样，社会内部的分工，也以人口数量和人口密度作为物质前提。

最后，从两种分工的相互关系看，一方面因为商品生产和商品流通是资本主义生产方式的一般前提，所以，只有社会内部分工和商品生产已有相当程度的发展，较大数量的生产资料积聚在单个资本家手中，才能同时雇佣许多工人在一个工场内生产，才会产生工场手工业的分工。另一方面，工场手工业分工产生后，又会发生反作用，使社会分工进一步发展和增加。这是为什么呢？第一，工场手工业的分工，使得劳动工具简化了，从而生产这些工具的行业也会分化，出现新的生产部门。第二，当工场手工业的生产扩展到某种商品的一个特殊的生产阶段，该商品的各个生产阶段就变成各种独立的行业。第三，在制品是由局部产品纯粹机械地组合成整体的地方，这些局部产品的制造可以成为独立的生产部门。

另一方面，二者的本质区别。

第一，劳动联系的形式不同。社会内部的分工以不同劳动部门的产品的买卖为媒介而互相联系起来。工场内部的分工，则以一个资本家将许多工人作为一个结合的劳动力来使用为媒介，局部劳动在内部直接联系而不必通过商品联系。

第二，生产的直接结果不同。社会分工使各个独立劳动者的产品都作为商品而存在，工场内部分工的特点是局部工人不能生产商品，变成商品的只是局部工人的共同产品。

第三，服从的权威不同。“工场手工业分工以资本家对人的绝对权威为前提，人只是资本家所占有的总机构的部分。社会分工则使独立的商品生产者互相对立，他们不承认任何别的权威，只承认竞争的权威，只承认他们互相利益的压力加在他们身上的强制。”哪种劳动被保存下来，哪种劳动被淘汰掉，在前一种场合由资本家的权威来决定，在后一种场合由竞争的权威来抉择。因此，资产阶级意识一方面把工场手工业分工和局部工人绝对服从资本，歌颂为提高劳动生产力的劳动组织，同时又同样高声责骂对社会生产过程的任何有意识的社会监督和调节，他们认为这种行为侵犯了资本家个人的不可侵犯的财产权和自由决策权。

（四）两种片面观点

关于分工问题，在经济思想史上一直存在着两种不同的片面观点：一是从交换价值角度来看分工，这种观点主要以奴隶主思想家色诺芬和柏拉图为代表。二是从使用价值的角度来看分工，这种观点主要以资产阶级经济学的古典学派为典型。

一方面，从交换价值角度来看分工。古希腊思想家色诺芬的经济观点，是从维护奴隶劳动为基础的自然经济出发的，但他却最早地注意到了分工问题。他把分工看成是增加使用价值数量和改善使用价值的一个条件，在分工的条件下制造的物品都能尽善尽美。他既从维护自然经济的观点来观察分工，同时也指出分工对发展商品流通的意义，这表现出色诺芬在维护自然经济时的不彻底性，所以马克思称之为“特有的市民阶级的本能”。在古希腊哲学家柏拉图看来，为了贵族的永久统治，社会必须分成三个等级，即执政的哲学家、卫士以及农民和手工业者，第三等级必须养活前两个等级。这种划分是以他的分工理论为基础的，他把这种使剥削奴隶的制度永远巩固下去的分工，看成是自然的和不变的。这是应用经济上的分工理论为政治上的奴隶主统治进行辩护的一个典型观点。所以马克思说，在柏拉图的理想国中，分工被说成是国家的构成原则。

另一方面，从使用价值角度来看分工。资产阶级政治经济学古典学派的代表人物之一**亚当·斯密**，处于工场手工业时代，“人们把他看作工场手工业时期集大成的政治经济学家，是因为他特别强调分工”。他的《国富论》一书就是从分工开始进行研究的，但他把重点放在交换价值上面。他认为，国民财富是由一国人民全年劳动提供的，而国民财富的多少，既取决于参加生产的劳动量，又取决于劳动生产率，而劳动生产率又取决于劳动者的能力和技巧，而能力和技巧又决定于分工。所以，国民财富及其增长取决于分工的发展。此外，亚当·斯密还把工具的分化同机器的发明混为一谈，因为英国当时处于产业革命前期，大生产的主导形式还是以手工劳动为基础的工场手工业，机器只起辅助作用，因而在论述分工的意义时，把机器的发明归因于分工。这是由他所处的时代决定的。

从经济思想史来看这两种片面的分工观点，它们都反映了不同的时代特征，一则着重于使用价值，一则着重于交换价值，但都是片面的，因而不可能对分工有全面而正确的理解。做出全面研究和科学分析的，首先要归功于马克思。

历史小贴士：

亚当·斯密

亚当·斯密（1723—1790），出生在苏格兰法夫郡。1723—1750是亚当·斯密的求学时期，它早年在家乡苏格兰的格拉斯哥大学求学，后进入牛津学院。1750年后，亚当·斯密在格拉斯哥大学任教，不仅担任过逻辑学和道德哲学教授，还兼职学校的行政事务，一直到1764年离开为止。

就是在这个时期，斯密于1759年出版的《道德情操论》获得理论界极高的评价。而后，他于1768年开始着手著述《国民财富的性质和原因的研究》，简称《国富论》。1776年3月，《国富论》正式出版，引起大众广泛的讨论，影响所及除了英国本地，连欧洲大陆和美洲也为之疯狂。因此，世人尊称斯密为“现代经济学之父”和“自由企业的守护神”。亚当·斯密一生与母亲相依为命，终身未娶。1790年7月17日与世长辞，享年67岁。

在继承和发展威廉·配第价值理论的基础上，亚当·斯密认为，劳动是价值的源泉和尺度。而且更为重要的是，他所说的决定价值的劳动，实际上是指一般的劳动。也就是说，这种劳动是指一切生产领域的劳动，是不依生产部门特点为转移的劳动，而不是某一个别生产部门的某一特殊形式的劳动。正如马克思所说“在亚·斯密的著作中，创造价值的，是一般社会劳动（它表现为哪一种使用价值，是无关紧要的）。”斯密的这一认识具有十分重要的理论意义，为进一步研究创造价值的抽象劳动这一概念开辟了道路。这是斯密对英国古典政治经济学的重大贡献。

他认为，价值是由生产商品所耗费的劳动创造的。不仅如此，亚当·斯密还认为，商品价值决定于生产该商品所需要的必要的劳动量，商品的价值量同这种必要的劳动量成比例。因此，他认为，商品和商品之间能够实现交换的唯一根据，就是交换对象所能提供的必要的劳动量。也就是说，斯密已经认识到，商品相互交换的比例，取决于生产各种商品所必要的劳动时间。而且，他已经懂得，两种在质上和量上不同的商品之所以能够相互交换，原因在于它们都包含了人类的劳动，而且包含了等量的劳动。

马克思认为，亚当·斯密的理论存在两个问题：一是忽视商品的自然因素，即只看到价值，而没有看到使用价值。所以，马克思说，亚当·斯密在宣布抽象劳动是物质财富或使用价值的唯一源泉时，并没有看到自然因素的存在。但是，在纯粹社会财富即交换价值的领域内，自然因素却追跟着他。二是混淆概念。马克思说，亚当·斯密经常把商品价值决定于商品中所包含的劳动时间这一规定，同商品价值决定于劳动价值这一规定混为一谈。因此，他在谈到细节时总是摇摆不定。

四、机器和大工业

（一）工作日的延长

在资本主义制度下，机器的使用目的并不是为了减轻人们的劳累和辛苦，而是榨取相对剩余价值的手段。机器的资本主义使用，延长了工人的工作日，为资本家榨取更多剩余价值创造了新条件。

其一，劳动资料本身成了一种工业上的**永动机**。它脱离工人而独立，人仅是机器的助手，如果不是人的生理界限的规定，它可以不停顿地生产。这种物质条件就为资本家压制工人的反抗、延长劳动时间、提高机器利用率提供了客观的可能性，也使资本家具有这样的欲望。

知识链接：

永动机

永动机是一类想象中的不需外界输入能源、能量或在仅有一个热源的条件下便能够不断运动并且对外做功的机械。历史上人们曾经热衷于研制各种类型的永动机，其中包括达·芬奇、焦耳这样的学术大家，另外包括一些希望以永动机出名和获利的骗子。永动机的想法起源于印度，公元1200年前后，这种思想从印度传到了伊斯兰教世界，并从这里传到了西方。在欧洲，早期最著名的一个永动机设计方案是13世纪时一个叫亨内考的法国人提出来的。在热力学体系建立后，人们通过严谨的逻辑证明了永动机是违反热力学基本原理的设想，从此之后就少有永动机的研究者了。1775年法国科学院通过决议，宣布永不接受永动机，美国专利及商标局严禁将专利证书授予永动机类申请，而永动机这个名词如今更多地作为一种修辞被用来描述那些充满活力，不知疲倦的人。

其二，延长工作日，在机器和厂房上的不变资本不变，也可以使生产规模扩大。这样，不仅剩余价值增加了，而且榨取剩余价值所必需的开支减少了。在机器大工业时代，固定资本越来越大，工作日的不断延长成为合乎愿望的事情。

其三，为了取得更多的超额利润，采取新机器使商品的个别价值低于它的社会价值。机器的使用使资本所有人的利润特别高，高额的利润激起资本家对更多利润的追求，“资本家也就企图尽量延长工作日来彻底利用这个初恋时期”。

其四，为了提高剩余价值率，以补偿因减少工人人数而引起的剩余价值量的下降，在机器普遍采用后，超额剩余价值消失。我们知道，剩余价值只来源于资本的可变部分。但在机器生产的场合下，可变资本必然会因机器排挤一部分工人而减少。同时，我们知道，“剩余价值量取决于两个因素，即剩余价值率和同时使用的工人人数。”在工作日长度已定的情况下，剩余价值率取决于必要劳动和剩余劳动的比例，同时工人人数则取决于资本的不变部分和可变部分的比例。

因此很明显，不管机器生产怎样提高劳动生产力，靠减少必要劳动来扩大剩余劳动，它只有减少一定资本所使用的工人人数才能产生这样的结果。“可见，利用机器生产剩余价值包含着一个内在的矛盾。”这个矛盾推动资本拼命延长工作日，以便增加剩余劳动，来弥补工人人数的相对减少。

（二）人成为附属物

在工场手工业和手工业中，是工人利用工具，劳动资料的运动从工人出发，工人是一个活机构的肢体。在工厂中，是工人服侍机器，工人跟着劳动资料运动。工人成了机器这种死机构的附属物，活的附属物随着死机构运转。也就是说，人成为了机器的单纯附属物，智力变成了资本支配劳动的权力。

资本主义制度下，工人身处永无止境的苦役中，劳动的重压像巨石落在疲惫不堪的工人身上。机器劳动极度地损害了神经系统，同时它又压抑肌肉的多方面运动，侵吞身体和精神上的一切自由活动。机器使工人的劳动毫无内容，不必动脑筋，是折磨人的手段。机器的采用在技术上更明显地表现出资本主义生产的特点是劳动条件使用人。机器在劳动过程中作为资本，支配和吸吮活劳动力的死劳动而同工人相对立。同时，生产过程中，又促使智力同体力劳动相分离，智力变成资本支配劳动的权力。这种现象是在以机器为基础的大工业中完成的。

这就是说，在个体生产的情况下，生产资料为劳动者所有，劳动者的意志和知识直接支配着生产的全过程，这时智力和体力劳动是结合在一起的。在资本主义简单协作的情况下，许多工人在一个资本家的命令下劳动，生产的管理和指挥成为资本家的职能，但生产者还掌握着生产某一产品的全套技能。在以分工为特征的工场手工业中，工人成为局部工人，只从事产品生产的某一方面的操作，丧失了生产整个产品的独立能力，因而智力和体力劳动的分离有了进一步的发展。而在使用机器生产的资本主义的工厂里，工人的手工技术和劳动经验，为应用于机器中的科学技术所代替。从而工人的局部技巧在科学面前，在巨大的自然力面前，在社会的群众性劳动面前，变成微不足道的附属品而消失了。正因为智力同体力分离，智力变成资本支配劳动的权力，因而资本极力贬低工人的作用。

（二）工人和机器的斗争

马克思指出：“资本家和雇佣工人之间的斗争是同资本关系本身一起开始的。在整个工场手工业时期，这场斗争一直如火如荼地进行着。但只是在采用机器以后，工人才开始反对劳动资料本身，即反对资本的物质存在形式。”

在17世纪，整个欧洲都发生过工人反抗机器的斗争。在英国，工人反抗机器的斗争一直延续到19世纪20年代。在这一历史时期，毁坏机器成为工人运动的中心。这一斗争表明，工人还没有把机器和机器的资本主义应用区别开来。“工人要学会把机器和机器的资本主义应用区别开来，从而学会把自己的攻击从物质生产资料本身转向物质生产资料的社会使用形式，是需要时间和经验的。”

在工场手工业时期，协作提高的生产力，还没有现实地排挤工人，还满足不了扩大的市场的需求，所以没有发生工人反对劳动资料本身的斗争。“劳动资料一作为机器出现，立刻就成了工人本身的竞争者。”原来的手工工具由工人操纵，现在的工具越来越多地由机器操纵。于是，工人阶级的一部分被机器排挤了，变成了相对过剩的人口。这些人一部分因失业而饿死，另一部分涌向易进的劳动部门。劳动力供过于求，使劳动力的价格降低到它的价值以下。在资本主义生产方式下，劳动资料和劳动者的对立，就是和机器一起发展成为它的完成形式。“因此，随着机器的出现，才第一次发生工人对劳动资料的暴烈的反抗。”马克思引用了资本家及其学者所提供的大量实际材料，说明资本家采用机器后大量解雇工人和降低工资的情况。

第三节　疑难精读

被排挤工人“补偿论”批判

资产阶级经济学家詹姆斯·穆勒、麦克库洛赫、托伦斯、西尼耳等认为，机器排挤了工人，就相应地“游离”出了一部分资本，而这部分资本必然如数用来雇佣被机器排挤的工人，结果，被机器排挤的工人得到了“补偿”。这就是所谓的“被机器排挤的工人会得到补偿的理论”。这个理论具有一定的迷惑性，似乎具有一定的道理。真的如这些资产阶级经济学家所说吗？答案是否定的。马克思通过对三类部门的分析，来说明被机器排挤出来的工人是不可能全部被重新吸收的。

首先，从使用机器的部门来看。例如，一家造纸厂原有6 000镑资本，3 000镑是不变资本，3 000镑是可变资本，共雇佣100个工人。现在，这家工厂用1 500镑购买了一台机器，只需雇佣50个工人了。这样，它的资本构成发生了变化，它变成4 500镑不变资本和1 500镑可变资本，有50个工人被机器排挤出来。但是，这个工厂连一个资本也没有“游离”出来，原来用来雇佣50个工人的1 500镑可变资本全部用在不变资本上面了。可见，采用机器的部门，有一部分工人被机器排挤了，但并非一定会游离出资本。如果购买新机器而增加的资本量等于或者大于因解雇工人而游离出来的可变资本量时就是如此。如果采用机器的费用少于机器所排挤的工人工资和工具价格的总额，虽然会游离出一部分可变资本但还要用来购买生产资料。因此，被机器排挤出来的工人是不可能得到补偿的。

其次，从机器制造的部门来看。由于制造厂采用新机器的缘故，机器制造厂会扩大生产，增加工人。这能不能使机器排挤的工人得到补偿呢？仍然不能。因为“在最好的情况下，制造新机器所雇佣的工人也比使用新机器所排挤的工人要少”。道理很简单，用于购买机器的1 500镑，原来代表被排挤的50个工人的工资，现在这1 500镑在机器形态上则代表，制造机器所耗费的生产资料的价值，制造机器所雇佣的工人的工资和制造机器的资本家的剩余价值。可见，在这1 500镑中用于雇佣工人的支出也只是一部分。不仅如此，由于机器制造业增加产量，会有新的机器被买去使用，从而又会进一步排挤工人。

最后，从未采用机器的部门来看。资产阶级经济学家说，他们所说的“补偿论”并非指“游离”出可变资本，而是“游离”出生活资料。他们认为，机器排挤了50个工人，这些工人没有了工资去购买1 500镑的生活资料，因而这1 500镑的生活资料会重新转化为雇佣50个工人的资本。这些辩护士们在这里偷换了命题，但这种花招也不能挽救“补偿论”的破产。实际上，这1 500镑生活资料是被排挤出来的工人所买不起的商品，并不是吸收工人的资本。

第四节　拓展阅读

富士康：工人和机器之间的斗争已经开始了

《第一财经日报》报道，中国制造业使用工业机器人代替人力的趋势已现端倪，令人不禁想起马克思在《资本论》中讨论过的“工人和机器之间的斗争”。富士康三年内引入100万台工业机器人，是否会排斥劳动力，对就业尤其是新生代农民工就业形成压力？专家认为不必过分担忧。

2011年7月29日，富士康科技集团董事长郭台铭在深圳出席员工联欢晚会时对媒体表示，目前富士康有1万台机器人，明年将达到30万台，三年后机器人的使用规模将达到100万台。未来富士康将增加生产线上的机器人数量，以完成简单重复的工作，取代工人。

富士康是中国最大的电子代工企业，也是全球最大电子代工厂商之一，据郭台铭透露，目前，富士康的员工总人数已经接近120万人，其中大陆员工超过100万人，仅深圳就超过40万。《第一财经日报》由富士康对外招聘公告了解到，富士康已专门成立自动化机器人产品处（AR），位于深圳市宝安区富士康鸿观科技园，隶属于富士康科技集团SHZBG鸿超准产品事业群。该产品处主要致力于设计制造与应用机器人生产所必需的控制器、减速器、伺服马达、感应器等关键零组件，开发制造各类型的机器人，扩大应用至精密加工、LCD等生产领域。公司计划在焊接、组装、搬运、喷漆、检测等生产现场引入机器人工作站。

公开资料显示，富士康近两年正在全国各地招揽机器人应用工程师，以维护生产线上机器人正常运转。而富士康晋城工业园自动化机器人事业处与相关学校还共建了“机器人”实训生产车间，专门培训机器人应用工程师。种种迹象均证明，富士康已将扩大机器人使用的转型战略付诸实践。

不过，在电子产品的生产流程中，工业机器人只能在部分环节取代人力。“类似手机等高精细产品，全面应用机器人是不现实的。”一位从富士康离职不到一年的制造主管昨日对本报表示，在富士康主营的手机代工业务，机器人主要应用领域还是在前端的高精度贴片和后端的装配、搬运环节，在绝大部分中间制造环节，还是必须用人工。机器视觉制造商美国康耐视有关人士指出，从理论上讲，目前大陆电子制造业50%的工序都可以用机器人替代，但实际上大规模投入机器人的资金需5年才能收回成本，且涉及到生产线工艺流程的改变。因此，即便对于成熟的电子制造企业，用机器人替代工人，也是一个渐进的过程。

劳动力市场有关专家认为，工业机器人相对中国劳动力主流尚不具备成本优势，替代现象主要发生在局部工种，而且总体上有利于提高劳动生产率，最终有利于扩大就业。人力资源和社会保障部劳动科学研究所劳动力市场研究室主任张丽宾向本报记者指出，类似富士康使用机器人这样的事件，对我国劳动力市场的影响是复杂的、综合性的。从短期看未必会形成突出的替代效应，从长期看则是正面的。"首先，从局部来说，确实会对部分劳动力产生替代效果，但是我们要看它替代的是哪一部分劳动力，可能是简单劳动力，而且正是现在供应短缺的那一部分，因此不会造成很大的失业，反而正好可以解决局部劳动力供给不足的问题。其次，从长远来看，机器替代人有利于提高劳动生产率，使单位劳动创造的价值更高，有利于经济水平的提高，最终会有利于就业的扩大。"

中国劳动关系学院公共管理系主任、劳动力市场研究所所长黄任民在接受本报采访时则认为，所谓以机器人代替工人，就目前阶段的中国来说，还不现实。"机器替代工人是一个大趋势，但它是个慢慢的、渐进的过程。"黄任民表示，目前在欧美等发达国家，也只是个别岗位由机器替代工人，并没有普及，因为机器过于昂贵。而中国代工企业的利润空间特别小，事实上很难做到大规模使用工业机器人。至于如何应对短期内所可能造成的局部冲击，张丽宾认为关键在加大人力资本投入，让被替代的工人能够较快转向新的岗位，"比如提高技能，找到一份操作、维护机器人的工作，或者进入由于引入机器人而产生的一些新的部门。"

第五章　绝对剩余价值和相对剩余价值的生产

第一节　原著导读

第十四章　绝对剩余价值和相对剩余价值

……

就劳动过程是纯粹个人的劳动过程来说，同一劳动者是把后来彼此分离开来的一切职能结合在一起的。当他为了自己的生活目的对自然物实行个人占有时，他是自己支配自己的。后来他成为被支配者。单个人如果不在自己的头脑的支配下使自己的肌肉活动起来，就不能对自然发生作用。正如在自然机体中头和手组成一体一样，劳动过程把脑力劳动和体力劳动结合在一起了。后来它们分离开来，直到处于敌对的对方状态。产品从个体生产者的直接产品转化为社会产品，转化为总体工人即结合劳动人员的共同产品。总体工人的各个成员较直接地或者较间接地作用于劳动对象。因此，随着劳动过程的协作性质本身的发展，生产劳动和它的承担者即生产工人的概念也就必然扩大。为了从事生产劳动，现在不一定要亲自动手；只要成为总体工人的一个器官，完成他所属的某一种职能就够了。上面从物质生产性质本身中得出的关于生产劳动的最初的定义，对于作为整体来看的总体工人始终是正确的。但是，对于总体工人的每一单个成员来说，它就不再适用了。

但是，另一方面，生产劳动的概念缩小了。资本主义生产不仅是商品的生产，它实质上是剩余价值的生产。工人不是为自己生产，而是为资本生产。因此，工人单是进行生产已经不够了。他必须生产剩余价值。只有为资本家生产剩余价值或者为资本的自行增殖服务的工人，才是生产工人。如果可以在物质生产领域以外举一个例子，那么，一个教员只有当他不仅训练孩子的头脑，而且还为校董的发财致富劳碌时，他才是生产工人。校董不把他的资本投入香肠工厂，而投入教育工厂，这并不使事情有任何改变。因此，生产工人的概念决不只包含活动和效果之间的关系，工人和劳动产品之间的关系，而且还包含一种特殊社会的、历史地产生的生产关系。这种生产关系把工人变成资本增殖的直接手段。所以，成为生产工人不是一种幸福，而是一种不幸。在阐述理论史的本书第四册将更详细地谈到，古典政治经济学一直把剩余价值的生产看做生产工人的决定性的特征。因此，古典政治经济学对生产工人所下的定义，随着它对剩余价值性质的看法的改变而改变。例如，重农学派认为，只有农业劳动才是生产劳动，因为只有农业劳动才提供剩余价值。在重农学派看来，剩余价值只存在于地租形式中。

……

把工作日延长，使之超出工人只生产自己劳动力价值的等价物的那个点，并由资本占有这部分剩余劳动，这就是绝对剩余价值的生产。绝对剩余价值的生产构成资本主义制度的一般基础，并且是相对剩余价值生产的起点。就相对剩余价值的生产来说，工作日一开始就分成必要劳动和剩余劳动这两个部分。为了延长剩余劳动，就要通过以较少的时间生产出工资的等价物的各种方法来缩短必要劳动。绝对剩余价值的生产只同工作日的长度有关；相对剩余价值的生产使劳动的技术过程和社会组织发生彻底的革命。

因此，相对剩余价值的生产以特殊的资本主义的生产方式为前提；这种生产方式连同它的方法、手段和条件本身，最初是在劳动在形式上从属于资本的基础上自发地产生和发展的。劳动对资本的这种形式亡的从属，又让位于劳动对资本的实际上的从属。

……

对于绝对剩余价值的生产来说，只要劳动在形式上从属于资本就够了，例如，只要从前为自己劳动或者作为行会师傅的帮工的手工业者变成受资本家直接支配的雇佣工人就够了；另一方面却可以看到生产相对剩余价值的方法同时也是生产绝对剩余价值的方法。无限度地延长工作日正是表现为大工业的特有的产物。特殊的资本主义的生产方式一旦掌握整整一个生产部门，它就不再是单纯生产相对剩余价值的手段，而一旦掌握所有决定性的生产部门，那就更是如此。这时它成了生产过程的普遍的、在社会上占统治地位的形式。现在它作为生产相对剩余价值的特殊方法，只在下面两种情况下还起作用：第一，以前只在形式上从属于资本的那些产业为它所占领，也就是说，它扩大作用范围；第二，已经受它支配的产业由于生产方法的改变不断发生革命。

从一定观点看来，绝对剩余价值和相对剩余价值之间的区别似乎完全是幻想的。相对剩余价值是绝对的，因为它以工作日超过工人本身生存所必要的劳动时间的绝对延长为前提。绝对剩余价值是相对的，因为它以劳动生产率发展到能够把必要劳动时间限制为工作日的一个部分为前提。但是，如果注意一下剩余价值的运动，这种表面上的同一性就消失了。在资本主义生产方式一旦确立并成为普遍的生产方式的情况下，只要涉及剩余价值率的提高，绝对剩余价值和相对剩余价值之间的差别就可以感觉到了。假定劳动力按其价值支付，那么，我们就会面临这样的抉择：如果劳动生产力和劳动的正常强度已定，剩余价值率就只有通过工作日的绝对延长才能提高；另一方面，如果工作日的界限已定，剩余价值率就只有通过工作日两个组成部分即必要劳动和剩余劳动的相对量的变化才能提高，而这种变化在工资不降低到劳动力价值以下的情况下，又以劳动生产率或劳动强度的变化为前提。

如果工人需要用他的全部时间来生产维持他自己和他的家庭所必要的生活资料，那么他就没有时间来无偿地为第三者劳动。没有一定程度的劳动生产率，工人就没有这种可供支配的时间，而没有这种剩余时间，就不可能有剩余劳动，从而不可能有资本家，而且也不可能有奴隶主，不可能有封建贵族，一句话，不可能有大占有者阶级。

因此，可以说剩余价值有一个自然基础，但这只是从最一般的意义来说，即没有绝对的自然障碍会妨碍一个人把维持自身生存所必要的劳动从自身解脱下来并转嫁给别人，比如，同样没有绝对的自然障碍会妨碍一个人去把别人的肉当作食物。决不应该像有时发生的情况那样，把各种神秘的观念向这种自然发生的劳动生产率联系起来。只有当人类通过劳动摆脱了最初的动物状态，从而他们的劳动本身已经在一定程度上社会化的时候，一个人的剩余劳动成为另一个人的生存条件的关系才会出现。在文化初期，已经取得的劳动生产力很低，但是需要也很低，需要是同满足需要的手段一同发展的，并且是依靠这些手段发展的。其次，在这个文化初期，社会上依靠他人劳动来生活的那部分人的数量，同直接生产者的数量相比，是微不足道的。随着社会劳动生产力的增进，这部分人也就绝对地和相对地增大起来。此外，资本关系就是在作为一个长期发展过程的产物的经济土壤之上产生的。作为资本关系的基础和起点的现有的劳动生产率，不是自然的恩惠，而是几十万年历史的恩惠。

撇开社会生产的形态的发展程度不说，劳动生产率是同自然条件相联系的。这些自然条件都可以归结为人本身的自然（如人种等等）和人的周围的自然。外界自然条件在经济上可以分为两大类：生活资料的自然富源，例如土壤的肥力、鱼产丰富的水域等等；劳动资料的自然富源，如奔腾的瀑布、可以航行的河流、森林、金属、煤炭等等。在文化初期，第一类自然富源具有决定性的意义；在较高的发展阶段，第二类自然富源具有决定性的意义。

……

资本主义生产一旦成为前提，在其他条件不变和工作日保持一定长度的情况下，剩余劳动量随劳动的自然条件，特别是随土壤的肥力而变化。但决不能反过来说，最肥沃的土壤最适于资本主义生产方式的生长。资本主义生产方式以人对自然的支配为前提。过于富饶的自然"使人离不开自然的手，就像小孩子离不开引带一样"。它不能使人自身的发展成为一种自然必然性。资本的祖国不是草木繁茂的热带，而是温带。不是土壤的绝对肥力，而是它的差异性和它的自然产品的多样性，形成社会分工的自然基础，并且通过人所处的自然环境的变化，促使他们自己的需要、能力、劳动资料和劳动方式趋于多样化。社会地控制自然力，从而节约地利用自然力，用人力兴建大规模的工程占有或驯服自然力，——这种必要性在产业史上起着最有决定性的作用。如埃及、伦巴第、荷兰等地的治水工程就是例子。或者如印度、波斯等地，在那里人们利用人工渠道进行灌溉，不仅使土地获得必不可少的水，而且使矿物质肥料同淤泥一起从山上流下来。兴修水利是阿拉伯人统治下的西班牙和由西西里岛产业繁荣的秘密。

良好的自然条件始终只提供剩余劳动的可能性，从而只提供剩余价值或剩余产品的可能性，而决不能提供它的现实性。劳动的不同的自然条件使同一劳动量在不同的国家可以满足不同的需要量，因而在其他条件相似的情况下，使得必要劳动时间各不相同。这些自然条件只作为自然界限对剩余劳动发生影响，就是说，它们只确定开始为别人劳动的起点。产业越进步，这一自然界限就越退缩。在西欧社会中，工人只有靠剩余劳动才能买到为维持自己生存而劳动的许可，因此容易产生一种错觉，似乎提供剩余产品是人类劳动的一种天生的性质。

……

同历史地发展起来的社会劳动生产力一样，受自然制约的劳动生产力也表现为合并劳动的资本的生产力。

第十五章　劳动力价格和剩余价值的量的变化

劳动力价值是由平均工人通常必要的生活资料的价值决定的。这些生活资料在形式上虽然可能有变化，但是在一定社会的一定时代，它们的量是一定的，所以可以看作是一个不变量。变化的是这个量的价值。还有两个因素决定劳动力的价值。一个是劳动力的发展费用，这种费用是随生产方式的变化而变化的；另一个是劳动力的自然差别：是男劳动力还是女劳动力，是成年劳动力还是未成年劳动力。这些不同劳动力的使用（这又是由生产方式决定的）在工人家庭的再生产费用上和在成年男工的价值上都造成很大的差别。但是在下面的研究中，是撇开这两个因素的。

我们假定：1. 商品是按照它的价值出售的；2. 劳动力的价格有时可能比它的价值高，但从不比它的价值低。

在这种假定下，我们看到，劳动力价格和剩余价值的相对量取决于3种情况：1. 工作日的长度，或劳动的外延量；2. 正常的劳动强度，或劳动的内涵量，即一定时间内耗费一定量的劳动；3. 最后，劳动生产力，即由于生产条件发展程度的不同，等量的劳动在同样时间内会提供较多或较少的产品量。显然，这3个因素可以有各种各样的组合：或者是其中一个因素不变，其他两个因素可变；或者两个因素不变，一个因素可变；最后，或者3个因素同时变化。这些因素同时变化时，又因为变化的大小和方向可以不同，组合也就更加多种多样了。下面只谈谈几种最主要的组合。

Ⅰ. 工作日的长度和劳动强度不变（已定），劳动生产力可变

在这个假定下，劳动力的价值和剩余价值是由3个规律决定的：

第一，不论劳动生产率如何变化，从而不论产品量和单个商品的价格如何变化，一定长度的工作日总表现为相同的价值产品。

……

第二，劳动力的价值和剩余价值按照相反的方向变化。劳动生产力的变化，它的提高或降低，按照相反的方向影响劳动力的价值，按照相同的方向影响剩余价值。

……

第三，剩余价值的增加或减少始终是劳动力价值相应的减少或增加的结果，而绝不是这种减少或增加的原因。

Ⅱ. 工作日和劳动生产力不变，劳动强度可变

劳动强度的提高是以在同一时间内劳动消耗的增加为前提的。因此，一个强度较大的工作日比一个时数相同但强度较小的工作日体现为更多的产品。诚然，在劳动生产力提高时，同一个工作日就提供较多的产品。但在后一种情况下，由于产品所费劳动比以前少，单个产品的价值就下降；而在前一种情况下，由于产品所费的劳动同以前一样，单个产品的价值保持不变。在这种情况下，产品的数量增加了，但它们的价格没有下降。随着产品数量的增加，它们的价格总额也就增大，但在生产力提高的情况下，同一价值总额不过表现在增大的产品总量上。可见，在劳动时数不变的情况下，强度较大的工作日就体现为较多的价值产品，因而，在货币的价值不变的情况下，也就体现为较多的货币。强度较大的工作日的价值产品随着它的强度同社会的正常强度的偏离程度而变化。因此，同一个工作日不再像以前那样表现为一个不变的价值产品，而是表现为个可变的价值产品。

Ⅲ. 劳动生产力和劳动强度不变，工作日可变

工作日可以向两个方向变化。它可以缩短或延长。

1. 在假定的条件下，即在劳动生产力和劳动强度不变时，工作日的缩短不会使劳动力价值，从而不会使必要劳动时间发生变化。它会缩小剩余劳动和剩余价值。随着剩余价值的绝对量的下降，它的相对量，即它同劳动力价值的不变量相比的量也就下降。资本家只有把劳动力价格压低到它的价值以下，才能避免损失。

……

2. 工作日的延长：假定必要劳动时间是6小时，或劳动力价值是3先令，剩余劳动也是6小时，剩余价值是3先令。那么，整个工作日就是12小时，并表现为6先令的价值产品。如果工作日延长2小时，劳动力价格不变，那么剩余价值的相对量就随同它的绝对量一同增加。

……

随着工作日的延长，劳动力的价格尽管名义上不变，甚至有所提高，还是可能降到它的价值以下。

Ⅳ. 劳动的持续时间、劳动生产力和劳动强度同时变化

很明显，在这里可能有许多种组合。可能两个因素变化，一个因素不变，或者三个因素同时发生变化。它们可能在同一程度上或在不同程度上变化，可能向同一方向或向相反的方向变化，以致它们的变化可以部分地或全部地互相抵消。其实，根据Ⅰ，Ⅱ，Ⅲ节所做的解释来分析一切可能的情况并不困难。只要顺次地把其中一个因素视为可变，把其他因素视为不变，就会得到任何一种可能的组合的结果。

第十六章 剩余价值率的各种公式

我们已经知道，剩余价值率是用下列公式来表示的：

$$\text{Ⅰ}.\ \frac{\text{剩余价值}}{\text{可变资本}}\left(\frac{m}{v}\right)=\frac{\text{剩余价值}}{\text{劳动力价值}}=\frac{\text{剩余价值}}{\text{必要劳动}}$$

前两个公式是价值的比率，第三个公式是生产这些价值所需要的时间的比率，它们表示同一个东西。这些互相替代的公式在概念上是严格

的。因此，我们看到，在古典政治经济学中，这些公式诚然在实质上已经制定出来，但是还不是有意识地制定的。在那里我们看到的是下列派生的公式：

$$\text{Ⅱ}.\ \frac{\text{剩余劳动}}{\text{工作日}}=\frac{\text{剩余价值}}{\text{产品价值}}=\frac{\text{剩余产品}}{\text{总产品}}$$

这里，同一个比率交替地在劳动时间的形式上，在劳动时间借以体现的价值的形式上，在这些价值借以存在的产品的形式上表现出来。不言而喻，这里所说的产品价值只能理解为工作日的价值产品，产品价值的不变部分不包括在内。

……

我在前面已经顺便提到的第三个公式是：

$$\text{Ⅲ}.\ \frac{\text{剩余价值}}{\text{劳动力价值}}=\frac{\text{剩余劳动}}{\text{必要劳动}}=\frac{\text{无酬劳动}}{\text{有酬劳动}}$$

第二节 理论解读

一、绝对剩余价值和相对剩余价值

（一）生产劳动

这一部分阐明了资本主义生产劳动的定义、绝对剩余价值和相对剩余价值的统一性和差别性，以及自然条件同资本主义剩余价值生产的关系问题，批判了大卫·李嘉图学派在剩余价值起源问题上的错误观点。

马克思指出，从简单劳动过程的观点所得出的生产劳动的定义，对于资本主义生产过程是绝对不够的。这主要表现在两个方面。

一方面，该定义只适用于总体工人而不适用于单个工人。从劳动过程来看，劳动者已经不是自己支配自己，而是被人支配，从而劳动过程中的脑力劳动和体力劳动分离了。劳动过程的协作和分工，使产品从个人的产品转化为社会的产品，转化为结合工人的共同产品。"因此，随着劳动过程本身的协作性质的发展，生产劳动和它的承担者即生产工人的概念也就必然扩大。"现在，从事生产劳动不像过去那样一定要亲自动手加工劳动对象，而只要完成作为总体工人的一个器官所承担的职能就够了。例如，在劳动过程中从事产品的设计工作的人，担任协调生产过程的调度工作的人等，虽不对劳动对象进行加工，他们也是生产工人，其劳动也是生产劳动。所以，从简单劳动过程得出的生产劳动的定义，现在只对总体工人适用，对单个工人就不适用了，因为单个工人不一定会生产出产品来。

历史小贴士：

资产阶级古典经济学派的"生产劳动"学说

在古典经济学派之前的重商主义者中，就已经开始了对生产劳动和非生产劳动问题的探讨。他们认为，对外贸易所采用的劳动是生产劳动。英国资产阶级古典政治经济学的奠基人威廉·配第还持有这种观点的残余。例如，他认为耕作者、航海者、兵士、手工工人和商人是生产劳动者，其他一切职业都不是生产劳动作。法国资产阶级古典政治经济学的重农学派，与重商主义努者完全相对立。他们认为，商业和工业中的劳动是不结果的劳动，只有农业中的劳动才是生产劳动，因为只有农业劳动才创造"纯产品"(剩余价值)。重农学派的观点比重商主义者的观点前进了一大步，因为他们把生产剩余价值的劳动看作是生产性的劳动。这一点是正确的。但是重农学派依然是按部门来划分生产劳动与非生产劳动的。

在亚当·斯密的体系里，关于生产劳动的学说，有了更进一步的发展。他不是按照经营部门来划分，而是以劳动生产出什么东西来作为区分的标准。但是，他区分生产与非生产劳动的标准有两个。第一个是生产商品、生产物质东西的劳动是生产性的劳动。一切从事非物质生产的人，如官吏、歌女、仆佣等的劳动是非生产的。第二个是生产利润、生产资本的劳动，才是生产劳动。显然，这两个标准是互相矛盾的。如以小商品生产者的劳动为例，按第一个标准是生产性的劳动；按第二个标准又是非生产性的劳动。但亚当·斯密的第二个标准，揭露了在资本主义制度下生产劳动的实质，即生产剩余价值，这是亚当·斯密的功绩之一。

另一方面，该定义的适用范围缩小了。从价值增殖过程来看，生产劳动的概念又缩小了，因为资本主义生产实质上是剩余价值的生产，只有为资本家生产剩余价值的工人，才是生产工人。为了强调这一点，马克思特别举出物质生产领域以外的教员的例子，说只要这个教员能为资本家带来剩余价值，他也是生产工人。总之，对于资本主义生产过程来说，能不能带来剩余价值，是衡量是不是生产劳动和生产工人的决定性标准。在物质生产领域中，如果只生产产品或商品，但不生产剩余价值，虽然从劳动过程的观点看是生产劳动，但从价值增殖的观点看，却不是生产劳动。因此，生产劳动的概念缩小了。

由此可见，“生产工人的概念决不只包含活动和效果之间的关系，工人和劳动产品之间的关系，而且还包含一种特殊社会的、历史地产生的生产关系”。也就是说，生产工人和生产劳动的范畴不仅受有用效果或产品的制约，而且还受到特殊社会生产关系的制约。由劳动过程得出的生产劳动的定义，是撇开了社会经济形态的差别得出的关于生产劳动的最一般概念，它虽然适合于任何一个社会经济制度，但又是不充分的。只有加上生产关系的规定性，生产劳动才从抽象范畴上升到适合于不同**经济形态**的具体范畴。正像劳动过程和价值增殖过程的统一于资本主义生产过程一样，由这两个过程得出的生产劳动的概念的统一，形成了资本主义生产劳动的概念，这就是能为资本家生产剩余价值的劳动才是生产劳动。这是从资本的生产过程得出的，关于资本主义生产劳动的最基本的概念。

名词解释：

经济形态 是对人类文明史上不同历史时期的，代表当时先进生产力水平的经济活动以及它的结构和特点的一种抽象表述，主要包括生产要素、生产模式、主导产业、基本结构、基本制度和基本观念等。经济发展表现为经济形态的演变和交替，经济现代化表现为一种或多种新的经济形态的转换和逐步形成。人类社会迄今为止两种基本的经济形态是自然经济和商品经济，到共产主义社会将会出现产品经济。

根据资本主义的经济本质，由这个概念进一步派生出，凡能为资本家带来剩余价值的劳动都是生产劳动。从单个资本家的观点来看，生产剩余价值和带来剩余价值都一样，都可以使他致富。但从社会的角度来看，“生产”和“带来”就有重大差别。前者是社会资本和财富增长的源泉，后者如果撇开由生产带来这一层意思，那只意味着剩余价值的分配，因而这种生产劳动不会使社会资本和财富增长。因此不能把它们等量齐观。生产剩余价值的生产劳动是资本主义社会存在和发展的基础。

（二）相互关系

绝对剩余价值和相对剩余价值的相互关系，是马克思在这一部分要重点强调的内容。这两者的相互关系可以归结为以下几点：

首先，绝对剩余价值的生产是相对剩余价值生产的起点，但是它们的条件是不同的。工人能在工作日中提供剩余劳动，即进行绝对剩余价值的生产，是资本主义制度存在的一般基础。当然，这也是相对剩余价值生产的起点。因为，工作日如果不能分成必要劳动和剩余劳动两部分，何以能减少必要劳动以增加剩余劳动呢？但是，进行这两种剩余价值生产的条件却是不同的。前者只同工作日的长度有关，后者却要“使劳动的技术过程和社会组织发生根本的革命”。

绝对剩余价值的生产，只需要工人在工作日中，能够超过必要劳动时间而提供剩余劳动就够了。它并不是资本主义制度的产物，因而它并不要求以特殊的资本主义生产方式为前提。与此相反，相对剩余价值的生产，从一开始就是以特殊的资本主义生产方式为前提的。这里“特殊”指的是同个体农民和手工业的生产过程相比，资本主义生产过程具有协作的形式，即以协作为基础的生产过程。这种特殊的生产方式连同它的生产剩余价值的方法，生产剩余价值的手段和生产剩余价值的条件，在劳动形式上最开始也是隶属于资本，被资本所操纵，但是这种隶属还处于自发阶段。但是，经过工场手工业的分工之后，这种隶属逐渐向实际隶属发展，到了大工业阶段，就完成了劳动对资本的实际隶属。

劳动隶属资本，资本在生产过程中直接榨取劳动者，这是现代资本的根本特点。与此不同的是古代的商业资本和高利贷资本，劳动在形式上并没有隶属于它，它也不是直接用强制的办法从生产者那里榨取剩余劳动，而是对独立的生产者进行中间剥削，所以马克思称之为“中间形式”。这种中间剥削形式的资本，在一定条件下，可以转化为现代资本。这些中间剥削形式，虽然也榨取剩余劳动，但并不是资本剥削劳动的典型形式。

其次，生产相对剩余价值的方法同时也是生产绝对剩余价值的方法。这一点在大工业阶段表现得尤为明显。“无限度地延长工作日正是表现为大工业的特有的产物。”当然，工场手工业的分工，作为一种生产相对剩余价值的方法，在工场手工业控制了某个部门的生产的情况下，在某种程度上促进了工作日的延长。虽然程度有限，但在这个意义上，它同时也是绝对剩余价值生产方法。但是，建立在大工业基础上的特殊的资本主义生产方式，一旦掌握了所有决定性的生产部门，从而成了在社会生产过程中占统治地位的形式，劳动在社会范围内完全隶属于资本，这时它就更加成为生产绝对剩余价值的方法了。而作为生产相对剩余价值的方法，反而只有在扩大它的作用范围和已经受它支配的产业部门的技术不断变革这两种场合中，才表现出它的作用。

最后，绝对剩余价值和相对剩余价值的差别，是运动中的差别。如果用静止的观点观察，这二者之间的差别“似乎完全是幻想的”。相对也是绝对，绝对也是相对。“但是，如果注意一下剩余价值的运动，这种表面上的同一性就消失了。在资本主义生产方式一旦确立，并成为普遍的生产方式的情况下，也就是在资本主义工业已经支配整个社会生产的情况下，只要涉及到剩余价值率的提高，两者的差别就非常明显。因为，在一定条件下，会碰到这样的抉择：或者用延长工作日的办法来提高剩余价值率。或者工作日界限已定，那就只有提高劳动生产力，缩短必要劳动时间，以延长剩余劳动时间。

（三）自然基础批判

通过前面“绝对剩余价值和相对剩余价值相互关系”的论述，我们知道，在资本主义生产方式成为社会的普遍的生产方式条件下，绝对剩余价值和相对剩余价值是同一的。同时二者又存在区别，这种区别表现在剩余价值率的提高上。由于剩余价值率由剩余劳动时间和必要劳动时间的比率构成，而必要劳动时间和剩余劳动时间也存在于资本主义以前的许多**社会形态** 中，所以，马克思开始从历史发展的角度来考察剩余价值的自然基础起源。但是，马克思明确指出，剩余价值起源的自然基础只能提供可能性，不能提供现实性。

名词解释：

社会形态是指一定生产力基础上的经济基础和上层建筑的统一体，

是社会经济结构、政治结构、文化结构的统一体，它包括经济形态、政治形态和意识形态。马克思研究社会现象，把错综复杂的社会关系区分为两类关系：一类是物质的社会关系，即生产关系，构成社会的经济基础；一类是思想的社会关系和通过思想而建立的关系即政治关系，构成社会的上层建筑。一定的经济基础和上层建筑的统一，构成社会在一定历史阶段的具体存在形式，即社会形态。

首先，劳动生产率并不是自然的恩惠。一方面，主张剩余价值有一个自然基础是没有问题的，因为如果没有一定的劳动生产率，工人就不可能提供剩余劳动，从而也就不会有剥削阶级，而生产率又是同一定的自然条件相联系的。但这只是从最一般的意义上说的，亦即这只是说一个人要想靠另一个人的劳动为生并不会遇到绝对的自然障碍一样。所以，不能认为有了这个自然基础就自然会有剩余劳动，会有剩余价值。正如马克思所说，不能“把神秘的观念同这种自然发生的劳动生产串联系起来”。实际上，人类剥削关系的出现是有一个历史形成过程的。人类摆脱了动物状态以后，迎来了第一次社会大分工，即农业和畜牧业的分工出现，跟着也就产生了人剥削人的关系。恩格斯说：“第一次大分工使劳动生产率提高，从而使财富增加并且使生产场所扩大的同时，在既定的总的历史条件下，必然也带来了奴隶制。从第一次大分工中，也就产生了第一次社会大分裂，即分裂为两个阶级：主人和奴隶，剥削者和被剥削者。”人类在文化初期，也就是人类社会进入奴隶社会的最初时期，劳动生产力很低，需要也很低，剩余劳动也很少，因此，社会上靠别人劳动生活的那部分人的数量也很少。随着社会生产力的发展，这部分人在总人口中才绝对地和相对地增大起来。剥削关系也从奴隶制发展到封建制，最后到资本雇佣劳动制。所以，资本关系借以产生的经济基础，是一个长期发展过程的产物。“作为资本关系的基础和起点的已有的劳动生产率，不是自然的恩惠，而是几十万年历史的恩惠。”

其次，资本主义生产方式以人对自然的支配为前提。社会劳动生产率取决于多种因素，其中一个因素就是自然条件。而自然条件可以归结为人本身的自然和人周围的自然。外界自然又可分为两大类：生活资料的自然资源和劳动资料的自然资源。在人类的文化初期，第一类自然资源具有决定意义；在人类文化较高的发展阶段，第二类自然资源具有决定意义。

自然条件越好，特别是土壤的自然肥力越大，气候越好，维持和再生产生产者所必需的劳动时间越少。因而为别人提供的剩余劳动就可以越多。同理，工人人口中从事必要生活资料生产的部分越小，则用于其他事情的部分就越大。这种情况表明提高生产必要生活资料的劳动者的生产率，对于社会分工以及对于社会生产和各项事业的发展来说，具有重大的甚至决定的意义。

自然条件的好坏，对于剩余价值生产当然有影响，特别在农业和采掘业上。但是，不能反过来说，最肥沃的土壤最适于资本主义生产方式的生长。资本主义生产方式是以人对自然的支配为前提的，而不是以优越的自然条件为前提。自然条件过于优越会使人完全依赖自然，因而不利于促进人类的发展。资本主义萌芽出现最早的国家并不是自然条件最好的国家。正是土壤的差异性和产品的多样性，形成社会分工的自然基础；正是由于自然环境的变化，使人们的需要、能力、劳动资料和劳动方式趋于多样化；正是由于人类要从社会角度控制自然力，以便经济地加以利用，才兴建了一系列巨大的工程。这种必要性在产业史上起着决定性的作用。总之，人类社会是在同自然界的斗争中发展起来的。

最后，良好的自然条件只能为剩余价值生产提供可能性而不能提供现实性。由前面的论述可知，良好的自然条件为剩余价值生产提供了可能性，自然条件的差别会引起必要劳动时间的差别，进而影响剩余劳动时间的起点。但是，这种影响是十分有限的，特别是产业越进步，自然条件在必要劳动时间的决定上影响越小。在西方发达国家，由于工人隶属于资本，只有增殖资本才能生存，因而产生了似乎提供剩余产品是人类劳动的一种天生性质的错觉。实际上，一些生活在优越自然条件下的落后民族中，虽然闲暇时间很多，但“要他把这些闲暇时间用于为自己生产，需要一系列的历史条件；要他把这些时间用于为别人从事剩余劳动，需要外部的强制”。良好的自然条件只能说明他的必要劳动为什么只限于1天，并不能说明为什么他要为别人提供5天剩余劳动。

由此可见，为别人提供剩余劳动完全是社会经济关系的产物，而绝不是来自人类劳动的某种天生的神秘性质。在资本主义生产关系下，优越的自然条件被资本所利用，所形成的生产力就表现为资本的生产力，因此，生产成果包括剩余产品也属于资本。由此可见，并不是自然会提供剩余劳动，也不是劳动天生有提供剩余产品的性质。与此恰恰相反，属于资本的剩余产品完全是资本关系造成的。

二、劳动力价格和剩余价值的量的变化

为了阐明劳动力价格和剩余价值量的变化，马克思首先提出了两个假定的前提。第一，劳动力价值是由平均工人通常必需的生活资料的价值决定的。第二，商品是按照它的价值出售的，劳动力的价格有时可能比它的价值高，但从不比它的价值低。

在这种假定下，马克思指出，劳动力价格和剩余价值的相对量取决于3种情况：一是工作日的长度或劳动的外延量；二是正常的劳动强度或劳动的内涵量，即一定时间内耗费一定量的劳动；三是劳动生产力，即由于生产条件发展程度的不同，等量的劳动在同样时间内会提供较多或较少的产品量。这3种因素有不同的组合，在本章马克思只谈了4种最主要的组合：一是工作日的长度和劳动强度不变（已定），劳动生产力可变；二是工作日和劳动生产力不变，劳动强度可变；三是劳动生产力和劳动强度不变，工作日可变能降到它的价值以下；四是劳动的持续

时间、劳动生产力和劳动强度同时变化。

（一）劳动生产力可变

一是工作日的长度和劳动强度不变（已定），劳动生产力可变。马克思首先分析了在上述假定条件下，劳动力的价值和剩余价值是由下面的3个规律决定的。

第一，不论劳动生产率如何变化，也不论产品数量和单个商品的价格如何变化，一定长度的工作日总表现为相同的价值产品。这就是说，生产力变化时，同一时间内工人创造的价值仍然不变。因为，在劳动强度不变的情况下，一定量的劳动时间总是创造一定量的价值，而与劳动生产率的变化无关。

第二，劳动力的价值和剩余价值按照相反的方向变化。在资本主义生产方式下，工作日的价值等于劳动力的价值和剩余价值之和。它们之间某一部分的增加或减少，必然会影响另一部分的减少或增加，劳动生产力的提高，会引起劳动力价值的减少，剩余价值的增加。“劳动生产力的一定变化所引起的剩余价值的增加或减少的比例，取决于工作日中原来表现为剩余价值的那一部分。如果那部分原来较小，比例就较小，原来较大，比例就较大”。大卫·李嘉图在表述这个规律时的错误在于，认为劳动力价值和剩余价值变动的方向虽然相反，但比例是相同的。也就是说劳动力的价值的相对增减率等于剩余价值的相对增减率。

第三，剩余价值的增加或减少始终是劳动力价值相应的减少或增加的结果，而绝不是这种减少或增加的原因。因为，如果劳动生产力不提高，劳动力的价值就不能下降，从而剩余价值也就不能提高。反之，如果劳动生产力不下降，劳动力的价值就不能提高，剩余价值也就不能下降。所以说，它们的相对量，如果没有劳动力价值的绝对量的变化，是不可能变化的。

与此同时，马克思批判了大卫·李嘉图在说明这3个规律时的缺点和错误。马克思指出，大卫·李嘉图“把这些规律所适用的各种特殊条件看作是资本主义生产的理所当然的、普遍的和唯一的条件”。他认为资本主义社会的工作日和劳动强度是不变的，唯有生产力是可变的。其次，他不是撇开利润、地租等剩余价值的特殊形式来专门研究剩余价值本身，而是用利润代替剩余价值，从而混淆了利润和剩余价值、利润率和剩余价值率变动的规律。

知识链接：

二者相互矛盾吗

马克思在分析超额剩余价值的形成时指出：“生产力特别高的劳动起了自乘的劳动的作用，或者说，在相同的时间内，它所创造的价值比同种社会平均劳动要多”。马克思在论述商品价值的时候还曾经说过“商品的价值与劳动生产力成反比”。这两种说法是否是相互矛盾的呢？

答案是否定的，换句话说，二者是一致的。

马克思的第一种说法，是从分析部门内各个企业的劳动生产力同社会价值量的关系的角度提出的。在一个部门内，由于各个企业的技术装备、劳动强度、工人的熟练程度等方面的不同，各企业生产同种商品，所消耗的劳动时间是不等的。而商品的价值取决于社会必要劳动时间。在一般情况下，社会必要劳动时间由中等生产条件生产某种商品所耗费的劳动时间决定。这样，如果部分企业所采取的新技术尚未在整个部门普及，从而该部门决定商品价值的社会必要劳动时间不变，于是，先进企业的“生产力特别高的劳动”，就可以折合为更多的平均劳动，因而“在相同的时间内，它所创造的价值比同种社会平均劳动要多”。

马克思的第二种说法，即“商品的价值与劳动生产力成反比”，是他在分析商品的价值量随劳动生产力变化时提出来的。这个观点是从分析整个部门的平均劳动生产力与商品的社会价值之间的关系的角度提出的。从整个部门看，只要生产商品的社会必要劳动时间不变，商品价值量也就不变。因此，“不管生产力发生什么变化，同一劳动在同样的时间内生产出的价值量总是相等的”。然而，由于劳动生产力的提高，在同一时间生产出的使用价值量会增加，因而会使单位商品所包含的价值量减少，所以马克思说，商品的价值量与劳动生产力成反比。

可见，正是分析问题的角度不同，才使两个对劳动生产力与商品价值量关系的论述，得出了从表面看截然相反的结论：一个是使价值量增加，一个是使价值量减少。实际上它们是不矛盾的。

（二）劳动强度可变

二是工作日和劳动生产力不变，劳动强度可变。马克思指出：“劳动强度的提高是以在同一时间内劳动消耗的增加为前提的。因此，一个强度较大的工作日比一个时数相同，但强度较小的工作日体现为更多的商品。”这就是说，劳动强度的变化能够促使工人在同一时间内支出的劳动量产生变化。这是因为劳动强度变化时，同一时间会创造出不等量的价值，劳动强度提高，价值增加，反之减少。

劳动强度变化对劳动力价值、劳动力价格和剩余价值有不同的影响。

第一，劳动强度变化对劳动力价值和价格的影响。如果劳动强度的变化不大，劳动量的支出变化不大，维持劳动力所必需的生活资料也不会有多大变化，劳动力价值和价格可能维持不变。但是，如果劳动强度发生了显著的变化，维持劳动力的生活资料就要发生变化，劳动力的价值和价格也要变化。而一旦发生由于劳动强度过高严重地摧残了工人的身体，甚至在短时间内被劳动折磨致死的时候，劳动力价格就要大幅度地增加。但不一定要超过它的价值，相反地，在劳动力价格提高时，劳动力价格还可能降低到劳动力的价值以下。当劳动力价格的提高不能补偿劳动力的加速的损耗时总是发生这种情况。这就是说，在劳动强度发生变化的场合，劳动力价值和价格可能都不变，也可能都变，变化时可能按同一方向，也可能按相反方向。

第二，劳动强度变化对剩余价值的影响。在劳动强度提高时，原来的必要劳动时间和剩余劳动时间都要相应地创造较多的价值。因而，劳动强度增加，这时剩余价值不但会由于剩余劳动时间创造了较多的价值而增加，也会由于必要劳动时间缩短（劳动强度增加，劳动力价值或价格不变），剩余劳动时间相应增加而增加。可见，劳动强度变化，剩余价值也必然随之以同一方向和比较大的程度发生变化。

第三，当一切产业部门的劳动强度都同时相等地提高时，新提高的强度就成为普通的社会的正常的劳动强度了，因而也就不再被算作外延量了。但这仅仅就国内而言。在国际之间，情况就有所不同。在各国之间“平均的劳动强度在不同的国家仍然是不同的。因而，会使价值规律在不同国家的工作日的应用上有所变化。一个国家的强度较大的工作日，比另一个国家的强度较小的工作日，表现为更大的货币额”。

（三）工作日可变

三是劳动生产力和劳动强度不变，工作日可变。马克思指出：“工作日可以向两个方向变化，它可以缩短或延长。”工作日的变化对劳动力价值和剩余价值都有直接的影响。

第一，对劳动力价值的影响。工作日的变化（缩短或延长）并不能导致劳动力价值绝对量的变化，但它的相对量（比例），却会因为剩余价值量发生变化而变化。首先，工作日变化时，劳动力价值将发生相反方向的相对变化，这种相对变化的原因，同生产力变化时相反，在那里，劳动力价值的相对变化是由它自身的绝对量变化引起的。而在这里，却是由剩余价值的绝对量变化引起的。其次，在那里，是劳动力价值变化引起剩余价值变化，在这里，是剩余价值变化引起劳动力价值变化。

第二，对剩余价值的影响。工作日变化时，剩余价值将随之以同一方向发生变化，不论它的绝对量还是相对量都是这样。工作日延长，它的绝对量和相对量都增加，工作日缩短，它们都减少。

但是必须看到，在延长工作日和提高劳动强度的场合，因为价值产品会随之增加，所以，劳动力价格与剩余价值能够同时以等量或不等量增加。这种情况同工作日的延长、劳动强度的增加的情况一样，劳动力的价格尽管在名义上不变，甚至有所提高，还是可能下降到它的价值以下的。因为劳动的外延或强化，所造成较大的劳动力的损耗，只能在一定限度内，由增加的报酬来补偿。“超过这一点，损耗便以几何级数增加，同时劳动力再生产和发挥作用的一切正常条件就遭到破坏。”这样劳动力的价值就远远地落到它的价格以下，这种损耗，即使较高的工资也补偿不了。

(四) 三者都可变

四是劳动的持续时间、劳动生产力和劳动强度同时变化。一方面，劳动生产力降低，同时工作日延长。马克思指出：“这里所谈的劳动生产力的降低，是指这样一些劳动部门，它们的产品决定劳动的价值。”如农业劳动部门，在劳动力生产力降低，同时工作日延长的情况下，第一，由于劳动生产力降低，使必要劳动增加，如果工作日不延长，剩余价值就会减少。第二，在劳动生产力降低和工作日同时延长的情况下，即剩余价值的比例量降低，它的绝对量仍可保持不变，第三，工作日延长到一定程度时，剩余价值的比例量可能增加。

另一方面，劳动强度和劳动生产力提高，同时工作日缩短。劳动强度和劳动生产力提高，都可能缩短必要劳动时间。我们知道必要劳动是工作日的绝对最低界限。如果工作日缩小到这个界限，剩余劳动就没有了，这在资本主义制度下是不可能发生的。只有消灭了资本主义生产方式，即消灭资本主义生产关系才可能使工作日限制在必要劳动时间之内。在社会主义制度下，必要劳动才会扩大自己的范围。因为，一方面，随着工人生活条件的日益丰富，他们的生活需要也要不断提高和扩大，另一方面，因为现在的剩余劳动的一部分将转入必要劳动，即形成社会准备基金和社会积累基金所必要的劳动。也就是说，社会主义社会消灭了人剥削人的现象，随之剩余劳动也消灭了，人们的全部工作日都是必要劳动。

“劳动生产力越是增长，工作日越能缩短；而工作日越是缩短，劳动强度就越能增加。”从社会的角度来看，劳动生产率还随着劳动的节约而增长。这种节约不仅包括生产资料，而且还包括一切无用劳动的免除。这只有在社会主义社会才能做到，因为在资本主义制度下，工作日越是缩短，工人劳动强度越大。“资本主义生产方式迫使单个企业实行节约，但是它的无政府状态的竞争制度却造成社会生产资料和劳动力最大的浪费，而且也产生了无数现在是必不可少的，但究其本身说是多余的职能。”最后马克思指出，在劳动强度和劳动生产力已定的情况下，劳动越是普遍化，“社会工作日中必须用于物质生产的部分就越少，从而个人从事自由活动、脑力活动和社会活动的时间部分就越大。从这一方面来说，工作日的缩短的绝对界限就是劳动的普遍化”。在资本主义制度下，资产阶级为了它自己的利益，只能把愈来愈沉重的负担加到广大的劳动人民身上，只有消灭了剥削制度，才能真正地实现劳动普遍化。

三、剩余价值率的三个公式

在这一部分，马克思非常简明地指出了剩余价值率的正确公式，同时又批判了资产阶级古典学派所提出来的剩余价值率的错误公式。

Ⅰ. $\frac{\text{剩余价值}}{\text{可变资本}}\left(\frac{m}{v}\right)=\frac{\text{剩余价值}}{\text{劳动力价值}}=\frac{\text{剩余价值}}{\text{必要劳动}}$

这个公式充分地表明了剩余价值率的实质，揭示了资本家对工人的剥削程度，所以，这是一个正确的公式。在给出正确公式的同时，马克思紧接着又批判了两个错误公式。

$$Ⅱ.\ \frac{\text{剩余劳动}}{\text{工作日}}=\frac{\text{剩余价值}}{\text{产品价值}}=\frac{\text{剩余产品}}{\text{总产品}}$$

马克思认为，在这个公式中的产品价值只能理解为工作日的价值产品，产品价位的不变部分不包括在内。所以，这个公式的错误在于：第一，这个公式实际上只表示工作日或其价值产品按怎样的比例在资本家和工人之间进行分配。第二，这些公式掩盖了资本主义剥削关系，代替的是一种协作关系的假象，仿佛工人和资本家在这种协作关系中是按照产品的不同形成要素的比例来分配产品的。第三，在数量上缩小了资本家对劳动力的剥削程度，它所表现的数量总是小于剩余价值率，并且总不超过100%。

$$Ⅲ.\ \frac{\text{剩余价值}}{\text{劳动力价值}}=\frac{\text{剩余劳动}}{\text{必要劳动}}=\frac{\text{无酬劳动}}{\text{有酬劳动}}$$

在马克思看来，这个公式之所以不确切，是因为它会引起一种误解，好像资本家是向劳动而不是向劳动力支付报酬。但如果把无酬劳动/有酬劳动当作是剩余劳动/必要劳动的通俗表现，这个误解就会消除。这是因为在剩余劳动时间，劳动力的利用为资本家创造出无须他付出代价的价值，资本家无偿地获得了劳动力的这种利用。在这个意义上，剩余劳动可以称为无酬劳动。也正是从这个意义出发，资本按其本质，是对无酬劳动的支配权。

第三节　疑难精读

科技发展并不能否定马克思的理论

由于第三次科技革命的飞速发展，极大地提高了西方一些资本主义国家的劳动生产率，社会生产力也随之高速发展。于是，一些人对马克思的劳动价值论提出了一些疑问：由于机器、自动化设备和机器人等已经成为独立的剩余价值的源泉，所以，马克思的劳动价值论的应用前提就已经不存在了。一句话，他们妄图用科学技术的新成果来否认马克思的劳动价值论和剩余价值论。

关于先进的劳动资料，特别是先进的劳动工具能否创造价值的问题，在马克思写作《资本论》的前后过程中就在当时的经济学家中展开过争论。最著名的是萨伊，还有德国的罗雪尔。马克思在《资本论》的正文和脚注中，曾经对这些观点给予过辛辣的批评。

在第六章《不变资本和可变资本》里，马克思在谈到生产资料加到产品上的价值决不可能大于它们在劳动过程之外所具有的价值时说："它在劳动过程中只是作为使用价值，作为具有有用属性的物起作用，因此，如果它在进入劳动过程之前没有价值，它就不会把任何价值转给产品。"当然更谈不上创造价值了。紧接着在脚注里，他批评萨伊想从生产资料（土地、工具、皮革等）的使用价值在劳动过程中所提供的"生产服务"来引出剩余价值是荒诞无稽的，但罗雪尔则附和萨伊的观点，说萨伊正确地指出了"榨油机所生产的价值扣除一切费用后，还留下一种同制榨油机本身所费的劳动有本质区别的新东西"。马克思讥讽地说："非常正确！榨油机所生产的'油'同制造榨油机所费的劳动是很不相同的。罗雪尔先生所说的'价值'是指油这种东西，因为'油'有价值；"马克思的意思是，油有价值，是因为它凝结了榨油工人的抽象劳动，并不是榨油机生产出来的，和榨油机无关。

在《资本论》第四卷里，马克思评价了萨伊认为自然因素和不变资本都可以创造价值因而遭到李嘉图正确的反驳时，指出李嘉图的观点是正确的。李嘉图说："机器和自然因素能大大增加一国的财富。……但是……它们不能给这种财富的价值增加任何东西。"马克思指出："李嘉图和其他经济学家不同的地方，恰恰在于他前后一贯地把商品的价值看作仅仅是社会规定的劳动的‘体现’。”

那么，到了今天，出现了机器人等自动化设备以后，是不是劳动价值论和剩余价值理论就需要修改或者失效了呢？答案当然是否定的。马克思时代的机器不能创造价值和剩余价值，今天的机器人同样也不能创造价值和剩余价值。

首先，机器人是一种拟人的机器，而不是人，同样属于不变资本，机器人能在一定程度上代替人作业，是由于它不过是由更加复杂的电子计算机进行控制的一种机械装置。机器人的每一种动作都是由程序设计人员事先编制好输进电子计算机里面去的。它是人通过电子计算机控制机器人去进行操作，而且在操作过程中需要有人经常进行观测和调整，遇有故障时，还需要人来修理。机器人和一般机器一样，它的价值是逐次转移到产品中去的，其转移的价值决不会大于生产一台机器人所花费的价值。马克思的不变资本理论完全适合于机器人。

其次，机器人作为一种新的生产工具被采用，使劳动生产率大大提高，从而与生产同种产品，或从事同种作业的其他企业相比较，采用机器人的企业会获得比较多的超额剩余价值。机器人作为一种比较昂贵的生产工具，它的转移价值也是比较大的，但是由于它成十倍或数十倍地生产出更多的使用价值，则单位产品包含的价值量比过去同种产品要小，所以采用机器人的企业赚的钱会成倍成十倍地增长，实际上是劳动者总体工人创造的剩余价值成倍成十倍增长的结果。

再次，利用机器人生产出来的商品的价值，是由许多直接劳动者和非直接劳动者共同创造的，显然平均说来它是一种高级的复杂劳动。复杂劳动等于倍加的简单劳动或自乘的简单劳动，在同一时间可以创造出更多的价值。

最后，有些发达资本主义国家甚至出现了“无人车间”，或者几乎看不到直接劳动者。那么，这个时候的价值和剩余价值是由谁创造出来的？如果我们用马克思关于总体工人的概念来分析这一现象，其道理是一致的。现代化企业直接作用于劳动对象的那种操作方式和工艺的确发生了很大变化，即不直接作用于劳动对象的人增加了，他们由过去的直接劳动者转而从事程序设计和程序控制等劳动，但是即使是这样，整个生产过程的准备、装配等总还需要一些直接加工于劳动对象的人来进行劳动。

尽管比起马克思那个时代来劳动方式有了很大变化，脑力劳动的比重增加了，但全面地说，是脑力劳动和体力劳动的结合。也就是说，新的劳动者的素质要求能从事脑力劳动和体力劳动的全面的人。但是死的劳动和活的劳动的区分，物化的过去劳动和进行过程中的活劳动的区分仍然是非常清楚的。今天创造价值和剩余价值的仍然是活劳动，而决不是物化劳动。

第四节　拓展阅读

党的十八届三中全会首次提出：
健全自然资源资产产权与用途管制制度

依照马克思的理论，自然资源不是劳动产品，没有价值，不存在价值转移的问题。如果仅以此为依据推论，就会得出使用自然资源是无代价的结论。而无偿使用的结果是导致资源的滥用、过度耗费等问题。据山西省国土资源厅的数据显示，山西某产煤大市 90% 以上的煤矿是靠行政划拨取得采矿权的，其余 10% 的煤矿仅象征性地交了少量的资源费。这种情况直接导致了当地煤矿急功近利、狂挖滥采、安全事故频发。据测算，中国目前煤炭资源回采率平均仅为 30%，乡镇煤矿仅为 10%，共生或伴生矿的利用率只有 20% 左右，矿产总回收率只有 30%，而国外先进水平都在50%以上。我国铜、铅、锌伴生金属冶炼回收率仅为50%左右，而发达国家的平均水平在80%以上。

正是针对这个问题，党的十八届三中全会公报首次提出“健全自然资源资产产权与用途管制制度”。这一创新举措是有着十分充分的理论基础的。

要解决自然资源浪费严重问题，必须要实行有偿使用制度。也就是说，要为使用自然资源支付价格。由于自然资源不是劳动产品，没有价值，因此不存在反映价值或以价值为基础的价格，但是，这不等于说自然资源就不会有市场价格。在商品经济条件下，只要有明确的所有权关系，自然资源也必须经过市场交易过程才能被开发使用。土地作为自然资源没有价值，但是因为存在土地所有权，所以土地有价格。关于土地价格问题，马克思在他的地租理论中指出，土地所有权产生地租，地租和市场利率决定土地价格。依据马克思的土地价格决定思路，所有地上地下资源都需要明确自然资源所有权，确定合理的资源使用租金，这是确定自然资源价格的基础。所以，中国在实践中无偿使用自然资源的做法是对马克思劳动价值论和市场价格理论的误解。马克思依据劳动价值理论指出，自然资源不是劳动产品，没有价值，不存在价值转移问题，但是马克思从来说过自然资源因为没有价值就没有市场价格。与此相反，马克思对自然资源（土地）的价格进行了充分研究。

因此，依据马克思的劳动价值理论并不能得出资源无偿使用的结论。如果自然资源不能无偿使用，那么，在讨论产品的市场价格决定问题时，在价值形成过程之外，还要考虑自然资源价格对成本的影响。有偿使用自然资源的结果是使社会全体成员负担了对自然资源的付费，这会在生产和消费各个环节产生节约行为。这也正是十八届三中全会提出“健全自然资源资产产权与用途管制制度”的重要目的。

第六章　工　资

第一节　原著导读

第十七章　劳动力的价值或价格转化为工资

在资产阶级社会的表面上，工人的工资表现为劳动的价格，发现为对一定量劳动支付的一定量货币。在这里，人们说劳动的价值，并把它的货币表现叫作劳动的必要价格或自然价格。另一方面，人们说劳动的市场价格，也就是围绕着劳动的必要价格上下波动的价格。

但什么是商品的价值呢？这就是耗费在商品生产上的社会劳动的对象形式。我们又用什么来计量商品的价值量呢？用它所包含的劳动量来计量。那么，比如说，一个十二小时工作日的价值是由什么决定的呢？是由一个十二小时工作日中包含的12个劳动小时决定的；这是无谓的同义反复。

……

实际上，在商品市场上同货币占有者直接对立的不是劳动，而是工人。工人出卖的是他的劳动力。当工人的劳动实际上开始了的时候，它就不再属于工人了，因而也就不再能被工人出卖了。劳动是价值的实体和内在尺度，但是它本身没有价值。

……

总之，就“劳动的价值和价格”或“工资”这个表现形式不同于它所表现的本质关系，即劳动力的价值和价格而言，我们关于一切表现形式和隐藏在它们背后的基础所说的话，也是适用的。前者是直接地、自发地、作为流行的思维形式再现出来的，而后者只有科学才能揭示出来。

第十八章　计时工资

我们记得，劳动力总是按一定时期来出卖的。因此，直接表现劳动力的日价值、周价值等等的转化形式，就是“计时工资”的形式，也就是日工资等等。

……

工人靠日劳动、周劳动等等得到的货币额，形成他的名义的即按价值计算的工资额。

……

一般的规律就是：如果日劳动、周劳动等等的量已定，那么日工资或周工资就决定于劳动价格，而劳动价格本身或者是随着劳动力的价值而变化，或者是随着劳动力的价格与其价值的偏离而变化。反之，如果劳动价格已定，那么日工资或周工资就决定于日劳动或周劳动的量。

第十九章　计件工资

计件工资无非是计时工资的转化形式，正如计时工资是劳动力的价值或价格的转化形式一样。

……

现在我们比较详细地来考察一下计件工资的特点。

在这里，劳动的质量是由产品本身来控制的，产品必须具有平均的质量，计件价格才能得到完全的支付。从这方面说，计件工资是克扣工资和进行资本主义欺诈的最丰富的源泉。

……

实行了计件工资，很自然，工人的个人利益就会使他尽可能紧张地发挥自己的劳动力，而这使资本家容易提高劳动强度的正常程度。同样，延长工作日也是工人的个人利益之所在，因为这样可以提高他的日工资或周工资。这就会引起那种在研究计时工资时已经指出过的反作用，更不用说，即使在计件工资保持不变的情况下，工作日的延长本身就包含着劳动价格的下降。

在实行计时工资的情况下，除少数例外，通常是对同样的职能支付同样多的工资；在实行计件工资的情况下，虽然劳动时间的价格是由一定量的产品来计量的，单日工资或周工资却因工人的个人差别而变化，因为某一工人在一定时间内只提供最低限额的产品，另一工人提供平均数额的产品，第三个工人则提供超过平均数额的产品。因此，在这种情况下，各个工人的实际收入，会因其技能、体力、精力、耐力等等的不同而有很大的差别。

第二十章 工资的国民差异

……

每一个国家都有一个中等的劳动强度，在这个强度以下的劳动，在生产一个商品时所耗费的时间要多于社会必要劳动时间，所以不能算作正常质量的劳动。在一个国家内，只有超过国民平均水平的强度，才会改变单纯按劳动的持续时间进行的价值计量。在以各个国家作为组成部分的世界市场上，情形就不同了。国家不同，劳动的中等强度也就不同；有的国家高些，有的国家低些。于是各国的平均数形成一个阶梯，它的计量单位是世界劳动的平均单位。因此，强度较大的国民劳动比强度较小的国民劳动，会在同一时间内生产出更多的价值，从而表现为更多的货币。

但是，价值规律在其国际范围的应用，还会由于下述情况而发生更大的变化：只要生产效率较高的国家没有因竞争而被迫把它们的商品的出售价格降低到和商品的价值相等的程度，生产效率较高的国民劳动在世界市场上也被算作强度较大的劳动。

一个国家的资本主义生产越发达，那里的国民劳动的强度和生产率，就越超过国际水平。因此，不同国家在同一劳动时间内所生产的同种商品的不同量，有不同的国际价值，从而表现为不同的价格，即表现为按各自的国际价值而不同的货币额。所以，货币的相对价值在资本主义生产方式较发达的国家里，比在资本主义生产方式不太发达的国家里要小。由此可以得出结论：名义工资，即表现为货币的劳动力的等价物，在前一种国家会比在后一种国家高；但这决不是说，实际工资即供工人支配的生活资料也是这样。

但是即使撇开不同国家货币价值的这种相对的差异，也常常可以发现，日工资、周工资等等在前一种国家比在后一种国家高，而相对的劳动价格，即同剩余价值和同产品价值相比较的劳动价格，在后一种国家却比在前一种国家高。

第二节 理论解读

一、劳动力的价值或价格转化为工资

马克思在这一部分主要想说明一个问题，即工资是劳动力的价值或

价格，而不是劳动的价值或价格。工资表现为劳动的价值或价格，掩盖了资本家剥削工人的现实关系。

名词解释：

价格 是价值的货币表现，是商品的交换价值在流通过程中所取得的转化形式，是商品同货币交换比例的指数。在经济学及营销的过程中，价格是一项以货币为表现形式，为商品、服务及资产所订立的价值数字。由于价格是一种从属于价值并由价值决定的货币形式，所以，价值的变动是价格变动的内在的、支配性的因素，是价格形成的基础。

（一）工资掩盖剥削

在资本主义社会里，从表面现象来看，工人付出了劳动，得到了工资，这样，工人的工资就表现为劳动的价格。根据这种表面现象，就很容易使人认为，工资是劳动的价值或价格，其实这是完全错误的。把工资说成是劳动的价值或价格，就等于把劳动说成是商品，是不正确的。劳动不是商品，没有价值。这是因为：

第一，商品的价值是耗费在商品生产上的社会劳动，商品的价值量，用它所包含的劳动量来决定。如果说劳动是商品，有价值，那就是说劳动的价值由劳动决定。例如，说 1 小时劳动的价值等于 1 小时劳动，这是无意义的同义反复。

第二，劳动不是独立存在的实体，不能作为商品出卖。如果劳动要作为商品在市场上出卖，那就必须在出卖以前已经是一个物质存在的商品。但事实上，活劳动是劳动力的使用，劳动力是在生产过程中使用的，活劳动绝不会在出卖之前就已经存在。

第三，如果说劳动是商品，是用较少量劳动同较多量劳动相交换，那就会违反价值规律；如果是等量劳动与等量劳动相交换，资木家便无利可图，那就会消灭资本主义生产本身。所以，如果说劳动是商品，那就会“或者消灭那个正是在资本主义生产的基础上才自由展开的价值规律，或者消灭那种正是以雇佣劳动为基础的资本主义生产本身”。

实际上，在商品市场上同货币所有者真接对立的不是劳动，而是工人。工人出卖的是他的劳动力，当工人的劳动实际开始的时候，它就不在属于工人自己了，因而也就不再能被工人出卖了。成为商品的是劳动力，而不是劳动。劳动是价值的实体和内在的尺度，但是它本身没有价值。

所以，工资实质上是劳动力的价值或价格，而不是劳动的价值或价格，所谓“劳动的价值”完全是一个虚幻的用语。所以，把工资当作劳动的价值或价格，是完全错误的。

如果把工资说成是劳动的价值，那就会掩盖雇佣工人的无酬劳动。似乎是资本家购买了工人的全部劳动，支付了工人全部劳动的报酬。“于是，工资的形式消灭了工作日分为必要劳动和剩余劳动、分为有酬劳动和无酬劳动的一切痕迹。全部劳动都表现为有酬劳动。”这种现象比徭役劳动和奴隶劳动更加隐蔽和有害。在奴隶社会，奴隶的全部劳动都表现为无酬劳动；在封建社会，农奴为自己的劳动和为地主的劳动，在时间和空间上是很清楚的；而在资本主义社会、无酬劳动也表现为有酬劳动，“货币关系掩盖了雇佣工人的无偿劳动”。

所以，工资表现为劳动的价值和价格，掩盖了资本家剥削工人的现实关系。“工人和资本家的一切**法权**观念，资本主义生产方式的一切神秘性，这一生产方式所产生的一切自由幻觉，庸俗经济学的一切辩护遁词，都是以这个表现形式为依据的。”

名词解释：

法权关系 就是指由国家保护的，以法律手段调整社会而出现的一种社会现象和社会关系。这种关系和要求基于法律而产生，以人们在社会生产和其他活动中应当严格遵守的权利和义务为内容。法权关系的产生和发展是由社会经济关系决定的，因而，社会主义法权关系与资本主义法权关系有着本质的区别。我国社会经济关系正处于转型时期，法权关系的发展变革必须与之相适应，其目标和任务就是大力推进社会主义法制建设。

（二）原因揭示

工资表现为劳动的价值和价格，掩盖了资本家剥削工人的现实关系。这个问题的原因何在呢？马克思给出了科学的答案。

其一，从资本和劳动的交换关系看，资本和劳动的交换与一般商品的买卖一样，买卖双方是平等的。从形式上看，工人出力，资本家出钱，好像谁也占不了谁的便宜。

其二，从工资的支付来看，工人的工资，是在他已提供了自己的劳动以后被支付的，于是，工资就好像是工人出卖劳动的结果，就好像是劳动的代价。

其三，从工人的角度来看，劳动是获得一定数额工资的购买手段。不管他的劳动力的价值或价格有怎样的变动，他总是要劳动 12 小时，他所得到的工资的每一个变动，在他看来，就必然表现为 12 个劳动小时的价值或价格的变动。

其四，从资本家的角度来看，他无疑希望用尽量少的货币换取尽量多的劳动，他实际上所关心的只是劳动力的价格与劳动力执行职能时所创造的价值之间的差额，而且他还力图把贱买贵卖这一欺诈行为，说成是他的利润的来源，于是他总是狡辩说劳动已经支付了价值，声称工资就是劳动的价值或价格，从而来掩盖剥削。

其五，从工资的实际运动来看，有两种现象也似乎表明，资本家所支付的不是劳动力的价值，而是劳动的价值。一是工资随着工作日长度的变化而变化。工人劳动 6 小时给 6 小时的工资，劳动 8 小时给 8 小时的工资。工人加班，资本家也给一点加班工资。这样，工资就很像是劳动的代价。二是熟练程度、工作效率、劳动强度不同的工人，资本家支付的工资也不同，这样，工资也好像是劳动的代价。

总之，工资是劳动的价值或价格，这是现象，工资的本质是劳动力的价值和价格。现象是直接地自发地作为流行的思维形式再生产出来的，而本质只有通过科学才能揭示出来。

二、计时工资

(一) 概念与规律

所谓计时工资是指，“劳动力总是按一定时期来出卖的。因此，直接表现劳动力的日价值、周价值等等的转化形式，就是‘计时工资’的形式，也就是日工资等等”。需要说明的是，第一，前面阐述的关于劳动力价格和剩余价值量的变化规律，只要变化一下形式，就转化为工资规律。第二，工资有名义工资和实际工资之分，二者的区别等同于劳动力的交换价值和由这个价值转变成的生活资料的量之间的区别。最后，在讨论工资形式时，主要讨论名义工资。

所谓劳动价格是指一定量劳动的货币价值，它等于劳动力的平均日价值除以平均工作日的小时数。而劳动力平均日价值取决于工资总额。所谓工资总额就是工人付出一个工作日或者多个工作日的劳动而得到的货币数额。比如日工资、周工资等，实际上就是工人的名义工资。工资总额因为工作日长短不同会有较大差别。另外，需要说明的是，“劳动价格”是马克思为了说明问题而创造的一个概念，因为我们知道，劳动不是商品，因而没有价值和价格。

计时工资与劳动价格的关系表现在两个方面：一方面，即使劳动价格不断下降，日工资、周工资等等仍然可以保持不变。比如一个普通的工作日是10小时，劳动力日价值是12元，那么劳动价格就是1.2元；

如果工作日延长到 12 小时，则劳动价格降到 1 元，而日工资或周工资可以不增加。另一方面，即使劳动价格不变或者甚至下降，日工资或者周工资也可以增加。比如一个 10 小时的工作日，劳动价格为 1 元，如果劳动价格不变，工人每个工作日多劳动 2 个小时，那么日工资就增加到 12 元。当然，上面两种结果通过劳动强度的改变也可以获得。因此，在不减少名义的日工资或者周工资的条件下，可以有很多办法降低工人的劳动价格。

对计时工资和劳动价格二者关系的一般规律性表述是："如果日劳动、周劳动等等的量已定，那么日工资或周工资就决定于劳动价格，而劳动价格本身或者是随着劳动力的价值而变化，或者是随着劳动力的价格与其价值的偏离而变化。反之，如果劳动价格已定，那么日工资或周工资就决定于日劳动或周劳动的量。"

（二）强化剥削

资本家利用计时工资加强了对工人的剥削。

首先，缩短工作日同样使工人遭受苦难。例如，一个 12 小时的普通工作日，劳动力日价值（即工资）12 元，需要 6 小时生产，则剩余价值 12 元，劳动价格 1 元。那么，在劳动价格以及其他条件不变的条件下，如果工作日缩短到 8 小时，则工人日工资变为 8 元，剩余价值 8 元。由此，工人的工资收入低于其劳动力价值。可见，如果工作日长度缩短到正常水平以下，工人将处于生活难以维持和半失业状态，而资本家同样会榨取到剩余价值。

其次，资本家利用小时工资制加强对工人的剥削。所谓小时工资制是指资本家不承担工人的日价值或者周价值，而是按小时支付工资。小时工资制的前提是有一个正常的劳动价格，比如假定 1 元就是正常的劳动价格。在此劳动价格下，缩短工人的劳动小时同样会得到缩短工作日的结果；相反，把工人劳动时间延长到超过正常工作日的范围，比如延长到14个小时，资本家也会以支付正常劳动价格为由，不给工人任何补偿。因此，小时工资制使资本家在使用工人劳动力方面有了更大的自由，可以根据生产的需要而增减劳动时间。

再次，资本家迫使工人加班劳动，造成恶性循环。如前所述，如果工作日绝对延长，以至于超过正常工作日，那么劳动力价值会因为过度损耗而迅速提高；因而在资本主义生产中，对超过正常工作日的加班劳动都要给予一定的补偿，这种补偿表现为加班时间的劳动价格，高于正常工作日时间范围内的劳动价格。但是这种补偿往往不能弥补劳动力的过度损耗。进而，工人为获得补偿劳动损耗的必需的收入，不得不进一步加班加点工作。

最后，通过降低劳动价格和延长工作日的相互作用，加强对工人的剥削。通过讨论工资与劳动价格的关系，我们可以得出，劳动价格越低，工人为了获得必要的工资量，就必须越增加劳动时间。反过来，劳动时间的延长又会引起劳动价格的下降。从劳动价格的计算公式就可以看出，如果对延长的劳动时间没有任何补偿，单是工作日的延长就会降低劳动价格。另外，随着劳动时间的延长，每个工人承担了更多的劳动量，致使劳动的供给增加，进而会造成工人之间的竞争，这也会造成劳动价格的降低和劳动时间的延长。

知识链接：

马克思把工资问题放在生产过程中研究的重大意义

工资本身是个分配问题，但马克思却把它作为生产过程中的一个重要问题来研究，这是有深刻意义的。其深刻意义在于，马克思的工资理论，除了在揭露资本主义剥削实质的假象上具有重要意义外，还揭示了工资机制是整个市场经济运行的基础之一和重要保证。这其中，在生产过程中，工资机制对微观经济运行主体，即企业的经营机制发挥启动力作用。工资不仅直接和企业动力机制之一的工人经济利益相联系，也和企业另一动力机制的企业利益相联系，形成企业劳动力要素稳定输入、合理配置、有效使用的调节机制和克服短期行为、保证企业发展的自我约束机制。这说明，工资不仅与工人的利益紧密相连，而且与企业的利益休戚相关，在微观层次上体现为按效率分配。

三、计件工资

（一）计件工资的实质

计件工资的实质。“计件工资无非是计时工资的转化形式”，所不同的是，计件工资从表面上看来，工人出卖的似乎并不是他的劳动力，甚至不是劳动，而是他所生产的产品。劳动的价格也不是按照计时工资所使用的公式计算的，而是取决于各个工人自身的工作能力。

但是，实质上，计件工资和计时工资两种形式在同一些行业中往往是同时并存的，其形式上的差别丝毫不会影响工资的本质。只是在某一情况下，一种工资形式可能比另一种形式更有利于资本主义生产的发展。计件工资以计时工资为依据，二者都以劳动时间为基础。在实际工作中，计件工资都是用日工资除以日产量来确定的。因此，只有在能够确定工人日工资和每个工作日能够生产的商品数量的条件下，才能计算出工人提供每一件产品应得的工资额。

（二）计件工资的特点

计件工资具有如下几个方面的特点。

第一，产品质量成为支付计件价格的前提。“劳动的质量是由产品本身来控制的，产品必须具有平均的质量，计件价格才能得到完全的支付。从这方面说，计件工资是克扣工资和进行资本主义欺诈的最丰富的源泉。”

第二，计件工资给资本家提供了一个十分精确的计算劳动强度的尺子。生产每件商品所需的劳动时间，是预先凭经验规定了的，只有这部分劳动时间才被看作社会必要劳动时间，因而也只有这部分劳动时间能够获得补偿。因此，无需资本家监督，工人自己就会努力提高劳动强度，以缩短个别劳动时间。

第三，计件工资使工人蒙受中间剥削。“既然劳动的质量和强度在这里是由工资形式本身来控制的，那么对劳动的监督大部分就成为多余的了。因此，计件工资的形式既形成前面所说的现代家庭劳动的基础，也形成层层剥削和压迫的制度的基础。”这种多层剥削制度，一方面表现为包工制，另一方面表现为工头制。这两种形式都对工人进行了中间剥削。在这里，资本家对工人的剥削是通过工人对工人的剥削实现的。

第四，计件工资使工人劳动强度提高、工作日延长和劳动价格降低。实行计件工资制度，工人的个人利益会促使他尽可能地发挥自己的劳动力，这使资本家无需任何额外补偿，就可以提高工人的劳动强度和延长劳动时间。如前所述，这种没有补偿的劳动强度的提高和工作日的延长，都会反过来降低工人的劳动价格。

第五，个别工资提高和平均水平下降。在实行计件工资的情况下，“各个工人的实际收入，就会因其技能、体力、精力、耐力等等的不同而有很大的差别。当然这绝不会改变资本和雇佣劳动之间的一般关系。……但是计件工资给个性提供的较大的活动场所，一方面促进了工人个性的发展，从而促进了自由精神、独立性和自我监督能力的发展；另一方面也促进了他们之间的互相竞争。因此，计件工资有一种趋势，就是在把个别工资提高到平均水平以上的同时，把这个水平本身降低”。从以上的论述中可以看出，计件工资是最适合资本主义生产方式的工资形式。

四、工资的国民差异

在资本主义各个国家之间，工资水平也是不相同的，形成工资的国民差异。马克思从不同国家的空间所产生的工资水平的差异，进一步说明不同时期的工资水平的差异，从而论证资本主义制度下工资量的发展趋势。

工资是由劳动力价值和价格的规律决定的，这一规律发生作用的结果，产生国民工资的差异。这是因为，劳动力价值的最终决定，不仅要考虑生理因素，还要考虑社会和道德因素。在不同时期和不同国家里，由于自然条件不一样，生产力发展水平不同，经济文化水平不同，构成劳动力价值的物质要素的范围和数量也本一样。劳动生产率的水平的高低不同，商品的国内价值和国际价值也不同，这就造成各国工资水平的不同。一般说来，发达资本主义国家的经济和文化发展水平较高，日常生活水平较高，工人的劳动熟练程度和劳动强度也较高。

那么，怎样比较不同国家的国民工资的差异呢？马克思说："即使作最肤浅的比较，首先要求把不同国家同一行业的平均日工资化为长度相等的工作日。在对日工资作了这样换算以后，还必须把计时工资换算为计件工资，因为只有计件工资才是计算劳动生产率和劳动内含量的尺度。"这就是说，首先把各国同一职业的日工资，照同样的工作日来还原，然后再把各自不同的计时工资额，按同一工作日各自所生产的不同的产品量去平均，即把计时工资还原为计件工资。有些人往往只从货币数量上来比较，这是不正确的。

在分析工资的国民差异时，正确理解价值规律的国际应用是一个关键。在世界市场上，价值不是以一定国度内的劳动的平均单位作为计算的尺度，而是以世界劳动的平均单位作为计算的尺度。这种"世界劳动的平均单位"，形成国际价值。所以说，国际价值就是在世界的平均技术水平条件下，在各国劳动者的平均劳动强度下，生产某种商品时所需要的世界社会必要劳动时间。由于各国的劳动强度不同，有的国家高些，有的国家低些。因此，"强度较大的国民劳动比强度较小的国民劳动，会在同一时间内生产出更多的价值，而这又表现为更多的货币"。

资本主义生产方式越发达，劳动生产率和劳动的国民强度就越高。劳动生产率高于平均的国际水准的国家，在同一劳动时间内能生产出较多的商品，从而生产出较多的国际价值。“所以，货币的相对价值在资本主义生产方式较发达的国家里，比在资本主义生产方式不发达国家里要小。”由此可以得出结论，名义工资在资本主义发达的国家比不发达的国家高，但实际工资不是这样。

在研究较发达的资本主义国家工资和剥削程度的关系时，有一种情况值得我们注意。这就是资本主义越发达，劳动生产率越提高，劳动强度也在提高，工人为补偿劳动力的过度消耗，需要消费较多的生活资料。因此，虽然发达国家名义工资比不发达国家高，但其实际工资还会低于劳动力价值，对工人的生活造成困难，从而使劳动力再生产受到严重影响。换一句话说，资本主义发达国家，名义工资较高，但相对的劳动价格较低，工人受剥削更重。

第三节　疑难精读

社会主义工资的职能和作用

通过前面的理论阐释，我们知道了资本主义工资的本质与基本形式，但是，关于工资的职能和作用，尤其是工资在社会主义制度下的职能和作用，还不是十分清楚。

依据马克思主义的基本原理，分析工资的职能应从微观和宏观两个方面进行，这才能全面地认识工资职能。一方面，从微观角度来看，工资具有补偿职能和刺激职能。工资的补偿职能是指对在正常生产条件下劳动者的现实劳动消耗给予的物质补偿，这是劳动力再生产的最基本的条件。这种补偿不是泛指一般意义上的补偿，而是具有一定含义的。一是这种补偿是对正常条件下的劳动者的平均劳动耗费给予的补偿，而不是对特殊条件下，诸如环境恶劣和条件艰苦的劳动者的额外劳动耗费给予的补偿。前者属于平均补偿性的，后者属于特殊补偿性的。二是这种补偿是对正在劳动岗位上工作的劳动者（在职职工）现在劳动耗费的补偿，而不是对已离开劳动岗位或不在劳动岗位工作的劳动者（即退休或失业人员）过去劳动耗费或可能的劳动耗费给予的补偿。前者属于经济补偿的性质，后者属于社会保障的性质。工资的刺激职能是指，工资能够激励人们多做工作，多作贡献，多出效益，达到劳动力资源的合理配置。

另一方面，从宏观角度来看，工资具有调节职能和控制职能。工资的调节职能，是指基本工资所具有的协调平衡的功能。这种调节是指国家对劳动者的基本劳动量与基本报酬量之间，劳动者的基本供给与基本需求之间的协调平衡，而不是指国家对整个社会范围内社会各类人员之间的收入状况与社会财富分配状况之间、各类人员的总劳动供给与劳动总需求之间的协调与平衡。这是工资的调节功能和个人收入的调节功能的不同之处。前者属于特殊范畴的调节，后者属于社会范畴的调节。工资的控制职能，是指国家对全社会工资总水平，工资关系的确定和变动的统制与管理，属于总体控制的范围。

基于工资的四项职能，工资的具体作用也表现为以下 4 个方面。

一是工资的补偿职能，决定了工资具有保证劳动力价值得以实现的作用，从而能保证劳动力的生产和再生产能够顺利而持续地进行。二是工资的激励职能，决定于工资具有实现按劳分配的作用。按劳分配作为社会主义社会个人消费品的分配原则，其最根本的要求是等量劳动获得等量报酬。而工资的激励职能正是对劳动者的一定劳动贡献给予相应的报酬，能够调动劳动者的主动性和创造性，促进劳动效率的提高和劳动者素质的提高。三是工资的调节职能，决定了工资具有合理配置劳动力资源的作用。经济社会要可持续发展，首先要求合理配置资源。而劳动力资源是各种资源中最宝贵和最重要的资源。工资具有对劳动供给与需求协调与平衡的职能，在现实经济生活中直接表现为经济杠杆的作用。它可以引导全社会劳动力的合理流动，可以调动劳动力资源的供需关系，使劳动力资源得到比较合理的配置。四是工资的控制职能，决定了工资具有实现有效的宏观管理作用。工资的控制职能是对工资成本或工资基金的统制与管理，这样，国家在一定时期、一定范围内通过对工资收入分配进行控制，可以达到对全社会个人收入分配的有效管理。

第四节　拓展阅读

最低工资制度

马克思说：“简单劳动的生产费用就是维持工人生存和延续工人后代的费用。这种维持和延续后代的价格就是工资。这样决定的工资就叫作最低工资。”简单地说，资本主义最低工资就是简单劳动力的价格。更具体一点说，最低工资是指简单劳动力的生产费用，而简单劳动力的生产费用，包括工人生存和延续工人后代的费用，这种费用又表现为工人生存和延续后代所需要的生活资料的价格。这种由工人生存和延续后代所需要的生活资料的价格决定的工资就是最低工资。

日前，发达的资本主义国家所实行的最低工资制，大体上可以分为4种基本形式：一是国家制定统一限额的最低工资标准，所有行业工人均执行，例如加拿大、日本、西班牙、荷兰和葡萄牙等国。二是在不同行业中规定不同的最低工资标准，例如法国和比利时。三是只在不同部门中实行最低工资限额，但不同的产业其限额不同，例如英国和爱尔兰。四是只对极少数工人实行最低限额的保护，例如奥地利、挪威和瑞士等国。

我国是社会主义国家，也是发展中国家，要建立和完善适应社会主义市场经济发展需要的劳动工资制度，必须实行最低工资制。全国各个地方也是这样做的。

我国普遍推行最低工资制度，目的是保护在职职工基本的劳动权利。但是，在理论界有一部分人坚决反对实行最低工资制。他们的理由是，最低工资是为了维护低收入的贫穷工人的利益，可到头来却使得越来越多的人找不到工作。因为实行最低工资制以后，用人单位可能会减少工作岗位，那些本来可以在城市就业的农民，由于岗位缺少而不能够转为工人。部分经济学家认为，最低工资制最早来源于美国的福特汽车公司，是福特公司的老板为了笼络人心而设计的不合理制度。而且这项制度实施后，越来越多的工厂成立了工会，工会组织不断要求政府提高最低工资标准，这样一来就迫使越来越多的人丧失了潜在的工作岗位，导致整个社会处在一个盗窃猖獗的混乱状态。

其实，这种观点是完全站不住脚的。

从完全自由竞争假定来看，似乎是生产各要素之间的配置必须接受市场的检验，因而政府不宜设置具体的制度，影响生产要素之间的合理配置。但问题的症结恰恰就在于，资本雇佣劳动是现代市场经济的一般规律。在资本与劳动之间的“雇佣关系”中，劳动者失去了最起码的讨价还价权利，他们除了出卖劳动力之外，变得一无所有。所以，现代政府必须首先为劳动者与用人单位之间的谈判设置基本的保障条款，以确保劳动者的利益不受损害。显然，最低工资制度是确保劳动者权益的有力武器，必须持之以恒地坚持下去。

第七章 资本的积累过程

第一节 原著导读

第二十一章 简单再生产

不管生产过程的社会的形式怎样，生产过程必须是连续不断的，或者说，必须周而复始地经过同样一些阶段。一个社会不能停止消费，同样，它也不能停止生产。因此，每一个社会生产过程，从经常的联系和它不断更新来看，同时也就是再生产过程。

生产的条件同时也就是再生产的条件。任何一个社会，如果不是不断地把它的一部分产能再转化为生产资料或新生产的要素，就不能不断地生产，即再生产。在其他条件不变的情况下，社会在例如一年里所消费的生产资料，即劳动资料、原料和辅助材料，只有在实物形式上为数量相等的新物品所替换，社会才能在原有的规模上再生产或保持自己的财富，这些新物品要从年产品总量中分离出来，更新并入生产过程。因此，一定量的年产品是属于生产的。这部分本来供生产消费之用的产品，就采取的实物形式来说，大多数不适于个人消费。

……

因此，撇开一切积累不说，生产过程的单纯连续或者说简单再生产，经过一个或长或短的时期以后，必然会使任何资本都转化为积累的资本或资本化的剩余价值。即使资本在进入生产过程的时候是资本使用者本人挣得的财产，它迟早也要成为不付等价物而被占有的价值，成为无酬的他人劳动在货币形式或其他形式上的化身。

……

工人本身不断地把客观财富当作资本，当作同他相异己的、统治他和剥削他的权力来生产，而资本家同样不断地把劳动力当作主观的、同它本身对象化在其中和借以实现的资料相分离的、抽象的、只存在工人身体中的财富源泉来生产，一句话，就是把工人当作雇佣工人来生产。工人的这种不断再生产或永久化是资本主义生产的必不可少的条件。

第二十二章　剩余价值转化为资本

1. 规模扩大的资本主义生产过程。商品生产所有权规律转变为资本主义占有规律

我们以前考察了剩余价值怎样从资本产生，现在我们考察资本怎样从剩余价值产生。把剩余价值当作资本使用，或者说，把剩余价值再转化为资本，叫作资本积累。

……

要积累，就必须把一部分剩余产品转化为资本。但是，如果不是出现了奇迹，能够转化为资本的，只是在劳动过程中可使用的物品，即生产资料，以及工人用以维持自身的物品，即生活资料。所以，一部分年剩余劳动必须用来制造追加的生产资料和生活资料，它们要超过补偿预付资本所需的数量。总之，剩余价值所以能转化为资本，只是因为剩余产品（它的价值就是剩余价值）已经包含了新资本的物质组成部分。

2. 政治经济学关于规模扩大的再生产的错误见解

在近一步探讨积累或剩余价值再转化为资本的某些规定以前，我们必须清除古典经济学提出的一种含糊观点。

……

李嘉图和一切以后的经济学家追随亚当·斯密一再重复地说：“加入资本的那部分收入，是由生产工人消费的”，这就大错特错了。根据这种看法，所有转化为资本的剩余价值都要成为可变资本了。其实，剩余价值和原预付价值一样，分成不变资本和可变资本，分成生产资料和劳动力。劳动力是可变资本在生产过程中的存在形式。在这个过程中，它本身被资本家消费了。它通过自己的职能——劳动——消费生产资料。同时，购买劳动力所付出的货币，转化为不是由“生产劳动”而是由“生产工人”消费的生活资料。

3. 剩余价值分为资本和收入。节欲论

……

剩余价值一部分由资本家作为收入消费，另一部分用作资本或积累起来。

在剩余价值量已定时，这两部分中的一部分越大，另一部分就越小。在其他一切条件不变的情况下，这种分割的比例决定着积累量。而谁进行这种分割呢？是剩余价值的所有者资本家。因此，这是他的意志行为。至于他所征收的贡品中由他积累的部分，据说是他节约下来的，因为他没有把它吃光用尽，也就是说，因为他执行了他作为资本家的职能，即执行使自己致富的职能。

资本家只有作为人格化的资本，他才有历史的价值……也只有这样，他本身的暂时必然性才包含在资本主义生产方式的暂时必然性中。但既然这样，他的动机，也就不是使用价值和享受，而是交换价值和交换价值的增殖了。作为价值增殖的狂热追求者，他肆无忌惮地迫使人类去为生产而生产，从而去发展社会生产力，去创造生产的物质条件；而

只有这样的条件，才能为一个更高级的、以每一个个人的全面而自由的发展为基本原则的社会形式建立现实其础。只有作为资本的人格化，资本家才受到尊敬。作为资本的人格化，他同货币贮藏者一样，具有绝对的致富欲。但是，在货币贮藏者那里表现为个人的狂热的事情，在资本家那里却表现为社会机制的作用，而资本家不过是这个社会机制中的一个主动轮罢了。此外，资本主义生产的发展，使投入工业企业的资本有不断增长的必要，而竞争使资本主义生产方式的内在规律作为外在的强制规律支配着每一个资本家。竞争迫使他不断扩大自己的资本来维持自己的资本，而他扩大资本只能靠累进的积累。

4. 几种同剩余价值分为资本和收入的比例无关但决定积累量的情况；劳动力的剥削程度；劳动生产力；所使用的资本和所消费的资本之间差额的扩大；预付资本的量

假设剩余价值分为资本和收入的比例已定，积累的资本量显然取决于剩余价值的绝对量。

……

我们记得，剩余价值率首先取决于劳动力的剥削程度。政治经济学非常重视剥削程度的这种作用，以致有时把由于提高劳动生产力而造成的积累的加速和由于加强对工人的剥削而造成的积累的加速等同起来。

……

资本积累的另一个重要的因素是社会劳动生产率的水平。

随着劳动生产力的提高，表现一定价值从而一定量剩余价值的产品量也会提高。在剩余价值率不变甚至下降，但其下降比劳动生产力的提高缓慢的情况下，剩余产品量也会增加。因此，在剩余产品分为收入和追加资本的比例保持不变的情况下，资本家的消费可以增加，而积累基金并不减少。

5. 所谓劳动基金

……

可变资本的物质存在，即它所代表的工人生活资料的量或所谓劳动基金，被虚构为社会财富中一个受自然锁链束缚的而且不能突破的特殊部分。为了推动社会财富中要作为固定资本，或从物质方面说，要作为生产资料执行职能的那一部分，必须有一定量的活劳动。这个量是由工艺所确定的。但是，推动这一劳动量所需要的工人人数不是已定的，因为这个数目随着单个劳动力的剥削程度而变化，这个劳动力的价格也不是已定的，已定的只是它的具有很大弹性的最低界限。这一教条所依据的事实是：一方面，工人对社会财富分为非劳动者的消费品和生产资料这一点无权过问；另一方面，工人只有在幸运的例外情况下才有可能靠牺牲富人的“收入”来扩大所谓“劳动基金”。

第二十三章　资本主义积累的一般规律

1. 在资本构成不变时，对劳动力的需求随积累的增长而增长

我们在这一章要研究资本的增长对工人阶级的命运产生的影响。在这种研究中，最重要的因素是资本的构成和它在积累过程进行中所起的变化。

资本的构成要从双重的意义上来理解。从价值方面来看，资本的构成是由资本分为不变资本和可变资本的比率，或者说，分为生产资料的价值和劳动力的价值即工资总额的比率来决定的。从在生产过程中发挥作用的物质方面来看，每一个资本部分为生产资料和活的劳动力；这种构成是由所使用的生产资料量和为使用这些生产资料而必需的劳动量之间的比率来决定的。我把前一种构成叫作资本的价值构成，把后一种构成叫作资本的技术构成。二者之间有密切的相互关系。为了表达这种关系，我把由资本技术构成决定并且反映技术构成变化的资本价值构成，叫作资本的有机构成。凡是简单地说资本构成的地方，始终应当理解为资本的有机构成。

2. 在积累和伴随积累的积聚的进程中资本可变部分相对减少

……

一旦资本主义制度的一般基础奠定下来，在积累过程中就一定会出现一个时刻，那时社会劳动生产率的发展成为积累的最强有力的杠杆。

……

劳动生产率的增长，表现为劳动的量比它所推动的生产资料的量相对减少，或者说，表现为劳动过程的主观因素的量比它的客观因素的量相对减少。

资本技术构成的这一变化，即生产资料的量比推功它的劳动力的量相对增长，又反映在资本的价值构成上，即资本价值的不变组成部分靠减少它的可变组成部分而增加。

……

每一单个资本都是生产资料的或大或小的积聚，并且相应地指挥着一支或大或小的劳动军。每一个积累都成为新的积累的手段。这种积累随着执行资本职能的财富数量的增多而扩大这种财富在单个资本家手中的积聚，从而扩大大规模生产和特殊的资本主义的生产方法的基础。社会资本的增长是通过许多单个资本的增长来实现的。假定其他一切条件不变，各单个资本，以及与之相联的生产资料的积聚，会按照它们各自在社会总资本中所占份额的比例而增长。同时，从原资本上会分出枝杈来，作为新的独立资本执行职能。

3. 相对过剩人口或产业后备军的累进生产

资本积累最初只是表现为资本的量的扩大，但是以上我们看到，它是通过资本构成不断发生质的变化，通过减少资本的可变组成部分来不断增加资本的不变组成部分而实现的。

……

事实是，资本主义积累不断地并且同它的能力和规模成比例地生产出相对的，即超过资本增殖的平均需要的，因而是过剩的或追加的工人人口。

……

因此，工人人口本身在生产出资本积累的同时，也以日益扩大的规模生产出使他们自身成为相对过剩人口的手段。这就是资本主义生产方式所特有的人口规律。事实上，每一种特殊的、历史的生产方式都有其特殊的、历史地发生作用的人口规律。抽象的人口规律只存在于历史上还没有受过人干涉的动植物界。

过剩的工人人口是积累或资本主义基础上的财富发展的必然产物，但是这种过剩人口反过来又成为资本主义积累的杠杆，甚至成为资本主义生产方式存在的一个条件。过剩的工人人口形成一支可供支配的产业后备军，它绝对地从属于资本，就好像它是由资本出钱养大的一样。过剩的工人人口不受人口实际增长的限制，为不断变化的资本增殖需要创造出随时可供剥削的人身材料。

4. 相对过剩人口的各种存在形式。资本主义积累的一般规律

相对过剩人口是形形色色的。每个工人在半失业或全失业的时期，都属于相对过剩人口。工业周期阶段的更替使相对过剩人口具有显著的、周期反复的形式，因此，相对过剩人口时而在危机时期急剧地表现出来，时而在营业呆滞时期缓慢地表现出来。如果撇开这些形式不说，那么，过剩人口经常具有三种形式：流动的形式、潜在的形式和停滞的形式。

……

社会的财富即执行职能的资本越大，它的增长的规模和能力越大，从而无产阶级的绝对数量和他们的劳动生产力越大，产业后备军也就越大。可供支配的劳动力同资本的膨胀力一样，是由同一些原因发展起来的。因此，产业后备军的相对量和财富的力量一同增长。但是同现役劳动军相比，这种后备军越大，常备的过剩人口也就越多，他们的贫困同他们所受的劳动折磨成反比。最后，工人阶级中贫苦阶层和产业后备军

越大，官方认为需要救济的贫民也就越多。这就是资本主义积累的绝对的、一般的规律。像其他一切规律一样，这个规律的实现也会由于各种各样的情况而有所变化，不过对这些情况的分析不属于这里的范围。

5. 资本主义积累一般规律的例证

……

第二十四章 所谓原始积累

1. 原始积累的秘密

我们已经知道，货币怎样转化为资本，资本怎样产生剩余价值，剩余价值又怎样生产更多的资本。但是，资本积累以剩余价值为前提，剩余价值以资本主义生产为前提，而资本主义生产又以商品生产者握有较大量的资本和劳动力为前提。因此，这整个运动好像是在一个恶性循环中兜圈子，要脱出这个循环，就只有假定在资本主义积累之前有一种“原始”积累（亚当·斯密称为“预先积累”），这种积累不是资本主义生产方式的结果，而是它的起点。

……

创造资本关系的过程，只能是劳动者和他的劳动条件的所有权分离的过程，这个过程一方面使社会的生活资料和生产资料转化为资本，另一方面使直接生产者转化为雇佣工人。因此，所谓原始积累只不过是生产者和生产资料分离的历史过程。这个过程所以表现为“原始的”，因为它形成资本及与之相适应的生产方式的前史。

2. 对农村居民土地的剥夺

为资本主义生产方式奠定基础的变革的序幕，是在15世纪最后30多年和16世纪最初几十年演出的。

……

在16世纪，宗教改革和随之而来的对教会地产的大规模的盗窃，使暴力剥夺人民群众的过程得到新的惊人的推动。在宗教改革的时候，天主教会是英国相当大一部分土地的封建所有者。对修道院等的压迫，把住在里面的人抛进了无产阶级行列。很大一部分教会地产送给了贪得无厌的国王宠臣，或者非常便宜地卖给了投机的租地农场主和市民，这些人把旧的世袭佃户大批地赶走，把他们耕种的土地合并在一起。

……

大约在1750年，自耕农消灭了，而在18世纪最后几十年，农民公有地的最后痕迹也消失了。

3. 15世纪末以来惩治被剥夺者的血腥立法。压低工资的法律

……

15世纪末和整个16世纪，整个西欧都颁布了惩治流浪者的血腥法律。现在的工人阶级的祖先，当初曾因被迫转化为流浪者和需要救济的贫民而受到惩罚。

……

这样，被暴力剥夺了土地、被驱逐出来而变成了流浪者的农村居民，由于这些古怪的恐怖的法律，通过鞭打、烙印、酷刑，被迫习惯于雇佣劳动制度所必需的纪律。

4. 资本主义租地农场主的产生

……

5. 农业革命对工业的反作用。工业资本的国内市场的形成

……

事实上，使小农转化为雇佣工人，使他们的生活资料和劳动资料转化为资本的物质要素的那些事件，同时也为资本建立了自己的国内市场。以前，农民家庭生产并加工绝大部分供自己以后消费的生活资料和原料。现在，这些原料和生活资料都变成了商品；大租地农场主出售它们，手工工场则成了他的市场……于是，随着以前的自耕农的被剥夺以

及他们与自己的生产资料的分离，农村副业被消灭了。只有消灭农村家庭手工业，才能使一个国家的国内市场获得资本主义生产方式所需要的范围和稳固性。

6. 工业资本家的产生

工业资本家不是通过像租地农场主那样的渐进方式产生的。毫无疑问，有些小行会师傅和更多的独立小手工业者，甚至雇佣工人，转化成了小资本家，并且由于逐渐扩大对雇佣劳动的剥削和相应的积累，成为不折不扣的资本家。

……

要使资本主义生产方式的“永恒的自然规律”充分表现出来，要完成劳动者同劳动条件的分离过程，要在一极使社会的生产资料和生活资料转化为资本，在另一极使人民群众转化为雇佣工人，转化为自由的“劳动贫民”这一现代历史的杰作，就需要经受这种苦难。如果按照奥日埃的说法，货币“来到人间，在一边脸上带着天生的血斑”，那么，资本来到世间，从头到脚，每个毛孔都淌着血和肮脏的东西。

7. 资本主义积累的历史趋势

……

第二十五章　现代殖民理论

政治经济学在原则上把两种极不相同的私有制混同起来了。其中一种以生产者自己的劳动为基础，另一种以剥削他人的劳动为基础。它忘记了，后者不仅与前者直接对立，而且只是在前者的坟墓上成长起来的。

在西欧，政治经济学的故乡，原始积累的过程多少已经完成。在这里，资本主义制度或者已经直接征服整个国民生产，或者在这种关系还不很发达的地方，它也至少间接地控制着那些与它一起继续存在的、属于过时的生产方式的、腐朽的社会阶层。事实越是明显地反对政治经济学家的意识形态，政治经济学家就越是热心地起劲地把资本主义以前世界的法的观念和所有权观念应用到这个已经完成的资木世界。

第二节 理论解读

这是《资本论》第一卷的最后一篇，研究的是资本积累过程，可以看作是对《资本论》第一卷的总结。它揭示出资本主义一定会灭亡，社会主义一定会胜利的发展趋势，并指出这是不以人们的意志为转移的客观规律。

一、简单再生产

自从有了人类，就有了生产。生产主要有两种类型：简单再生产和扩大再生产。资本主义再生产的特点不是简单再生产，而是扩大再生产。由于简单再生产是扩大再生产的前提、基础和出发点，所以分析资本主义再生产还必须从“简单再生产”开始。马克思指出，资本主义简单再生产不仅是物质资料再生产，而且是资本价值的再生产，特别是资本主义生产关系的再生产。

首先，物质资料再生产。人类为了生存，总要不断地生产吃的、穿的、住的、用的东西。一个社会不能停止消费，因而也不能停止生产。所以，社会生产必须不断反复地进行。每一个社会生产过程，从经常的联系和它不断更新来看，就是再生产过程。

物质资料的替换是再生产的条件。任何一个社会。为了不断地进行生产，总要不断地以它的年产品的一部分再转化为生产资料，从而在实物形态上去替换一年里所消费掉的生产资料，包括劳动资料、原料和辅助材料等。并重新并入生产过程。所以，物质资料的生产是再生产的一个重要条件。

简单再生产只是生产过程在原来规模上的重复，即如果剩余价值被资本家全部消费掉，那么，生产规模只能在原有规模上进行，这就是资本主义简单再生产。

其次，资本主义简单再生产不仅是物质资料的再产，而且是资本价值的再生产。一方面，从再生产的过程看，可变资本是由工人的劳动创造的。资本家为了进行生产，必须用可变资本来购买劳动力。这就造成一种假象。好像可变资本是资本家预付的。“因此，从我们上面所持的观点来看，下面的情况是可能的：资本家曾经一度依靠某种与别人的无酬劳动无关的原始积累而成为货币所有者，因而能够作为劳动力的购买者进入市场。”另一方面，从再生产过程来看，全部资本也都是工人的劳动创造出来的。从表面现象看，资本主义生产过程开始时，资本家所预付的货币，好像是与无酬劳动无关的原始积累而来的。但是，从再生产的角度来考察，即使在简单再生产过程中，也可以看出资本家所投入的全部预付总资本，仍然同可变资本一样，是工人的剩余劳动创造的剩余价值转化而来的。

总之，从再生产过程看，工人的劳动不仅创造了剩余价值，创造了可变资本，而且创造了全部资本。资本都是剩余价值转化而来的。因此，当工人阶级取得政权后，剥夺资产阶级的一切生产资料归全民所有，是完全合理的，这不过是收回了工人阶级祖祖辈辈辛勤劳动所创造的财富罢了。

最后，资本主义简单再生产是资本主义生产关系的再生产。资本主义再生产不仅是物质资料的再生产，而且不断地再生产出劳动力和劳动条件的分离，不断地再生产出剥削工人的条件和雇佣劳动关系。在资本主义社会，不仅工人阶级的不断维持和再生产始终是资本再生产的条件。而且，从社会角度看，工人阶级即使在直接劳动过程以外，也同死的劳动工具一样是资本的附属物。“罗马的奴隶是由锁链，雇佣工人则由看不见的线系在自己的所有者手里。”所以，资本主义生产过程，只要作为再生产过程考察，它就不只生产商品，不只生产剩余价值，并且生产和再生产资本主义生产关系本身：一方面是资本家，另一方面是雇佣工人。因此，无产阶级要摆脱资本主义生产关系，求得自身的解放，就必须进行社会主义革命，彻底摧毁资本主义制度。

二、剩余价值转化为资本

（一）扩大再生产

马克思说：“把剩余价值当作资本使用，或者说，把剩余价值再转化为资本，叫作资本积累。”所以，剩余价值到资本的转化就是资本的积累过程，也就是资本主义扩大再生产的过程。资本主义扩大再生产靠的是什么呢？答案是资本积累。有了资本职累，资本家就可以运用更多的资本，购买追加的劳动力和生产资料，来扩大生产规模。“具体说来，积累就是资本的规模不断扩大的再生产。”

其次，资本主义扩大再生产表明，剩余价值是资本积累的源泉。要进行资本积累，资本家从工人身上剥削来的剩余价值就不能全部消费掉，而要将一部分积累起来，作为新的资本，用来追加生产资料和劳动力以扩大生产规模。

再次，资本主义扩大再生产表明，资本积累的实质是对无酬劳动的占有。资本家的追加资本积累不是由劳动得来的，而是对无酬劳动的占有。它的每一个价值原子都是工人无酬劳动生产出来的，并且“对过去无酬劳动的所有权，成为现今以日益扩大的规模占有活的无酬劳动的唯一条件。资本家已经积累的越多，就越能更多地积累”。

（二）商品生产所有权

资本积累是由剩余价值转化而来的，而资本家无偿占有工人创造的剩余价值，是由商品生产**所有权**规律转化而来的。所谓商品生产所有权规律转变为资本主义占有规律，就是商品生产的等价交换规律转变为资本主义的剩余价值规律

名词解释：

所有权 是所有人依法对自己财产所享有的占有、使用、收益和处分的权利。它是一种财产权，所以又称财产所有权。所有权是物权中最重要也最完全的一种权利，具有绝对性、排他性、永续性3个特征，具体内容包括占有、使用、收益、处置4项权利。产权和所有权的区别是，产权是一个较大的概念，产权包括所有权，例如房地产所有权只是房地产产权中最主要的一种，但不是全部。

商品生产的所有权意味着商品生产者，既是生产资料的所有者，又以自己劳动为基础，并占有自己的劳动产品，从而在交换过程中，商品所有者是平权关系，只能按等价进行交换。所以，这里讲的商品生产所有权规律指的是等价交换的价值规律。

资本主义占有形式的不断再次生产，以不断购买劳动力为起点。在劳动力市场上，这种购买是与商品等价交换的价值规律相一致的。但是，购买劳动力的等价交换仅仅是形式上的等价文换，这是因为：第一，用来交换劳动力的那部分资本本身只是不付等价物而占有的别人劳动产品的一部分；第二，这部分资本不仅必须由工人来补偿，而且在补偿时还要加上新的剩余。所以，资本主义占有规律的特点，是以等价交换为形式，而以无偿占有为实质。

三、资本主义积累的一般规律

这一部分主要包括以下内容：一是资本构成不变，对劳动力的需求随积累的增长而增长。主要是讲在资本有机构成不变的情况下，资本积累对工人阶级的影响。二是在积累和伴随积累的积聚的过程中，资本可变部分相对减少。主要是讲随着资本积累，资本有机构成提高，可变资本相对减少。三是相对过剩人口或产业后备军的累进生产。主要是讲可变资本相对减少形成相对过剩人口，造成工人失业。四是分析相对过剩人口的各种形式，揭示资本主义积累的一般规律，阐明无产阶级贫困的理论。五是对资本主义积累一般规律的例证。

由于理论难度和篇幅所限，我们这里只重点介绍资本主义积累的一般规律。

随着资本积累的增多，资本家的资本越来越大，而工人失业人口也越来越多，工人阶级愈益贫困，这就是资本主义积累的一般规律。关于资本主义积累的一般规律，马克思指出：“社会的财富即执行职能的资本越大，它的增长的规模和能力越大，从而无产阶级的绝对数量和他们的劳动生产力越大，产业后备军也就越大。可供支配的劳动力同资本的膨胀力一样，是由同一些原因发展起来的。因此，产业后备军的相对量和财富的力量一同增长。但是同现役劳动军相比，这种后备军越大，常备的过剩人口也就越多，他们的贫困同他们所受的劳动折磨成反比。最后，工人阶级中贫苦阶层和产业后备军越大，官方认为需要救济的贫民也就越多。这就是资本主义积累的绝对的、一般的规律。像其他一切规律一样，这个规律的实现也会由于各种各样的情况而有所变化。”

马克思的这段话，告诉了我们如下几点：第一，资本主义积累的一般规律包括资本积累规律、资本主义人口规律和无产阶级贫困规律。第二，资本主义积累的一般规律是绝对的规律。这就是说只要资本主义制度存在，就必然存在这个规律。第三，资本主义积累一般规律是客观存在的，但在现实中会因为各种各样的情况而有所变化，因而在不同历史时期或不同的国家，它的表现形式是不同的。

简而言之，无产阶级的贫困是资本积累的必然结果，随着资本积累，无产阶级状况日趋恶化。无产阶级所创造的社会财富越大，资本积累也就越多，无产阶级的人数和他们的劳动生产力也越大，其结果反而使无产阶级的处境越来越恶化。在资本主义制度下，一切提高社会劳动生产力的方法都是靠牺牲工人来实现的。由于一切生产剩余价值的方法同时就是积累的方法，而积累又反过来成为发展这些方法的手段。由此可见，“不管工人的报酬高低如何，工人的状况必然随着资本的积累而日益恶化”。这就决定了在资本积累的同时，必然产生贫困的积累。资本越是积累，无产阶级就越加贫困。

《资本论》最后两章是“所谓原始积累”和“现代殖民理论”。由于这两部分的多数内容属于历史回顾与理论梳理部分，理论性不是很强，比较容易理解，我们这里就不再赘述了。

第三节　疑难精读

正确认识资本主义的历史性质

马克思在本篇做出了资本主义必然灭亡的历史判断。但是随着现代发达资本主义国家的迅速发展，一些人开始怀疑这个判断的正确性。如何认识资本主义发展的历史进程，成为影响我们对当今世界进行科学判断的一个重要理论问题。

纵观资本主义发展的历史过程，应该指出，资本主义经济关系在其性质允许的范围内发生了一系列的调节、改良和改善，从而为生产力的不断发展提供了空间。但是资本主义的本质并没有因此而改变，马克思主义对它的历史判断也没有过时。依据科学的唯物史观分析资本主义发展的历史进程，需要强调以下3个方面的内容。

第一，资本主义是人类历史发展的必经阶段。在社会生产关系一定要适合生产力发展要求规律的作用下，社会经济形态发展经历了一个由低级到高级的自然历史过程，并由此呈现出历史发展的阶段性。历史上依次经历的不同社会经济形态都存在其历史的必然性和暂时性，都有其发展生产力的特定历史使命。资本主义作为人类社会发展的必经阶段，既有其历史的必然性和进步性，也有其历史的暂时性和过渡性。

第二，资本主义经济形态是一个不断变化的**社会有机体**。资本主义发展的根本动力在于其内部的矛盾运动，生产力的社会化发展推动着资本关系的社会化发展，资本主义的当代形式与它的古典形式相比发生了很大的变化。这些变化是资本关系性质允许的基础上发生的自我调节，但并不具有性质上的无限空间。

名词解释：

社会有机体　是指以生产实践为基础的各个社会层次，各种社会因素和关系有机联系而又相互制约构成的社会整体。社会有机体形成于人的实践和交往活动中，是一种具有自我意识的有机体，其再生和更新的内在机制是物质生产，精神生产和人自身生产的统一。

第三，资本主义发展过程同时是自我否定的过程。这种自我否定是在资本主义经济自身内在规律的作用下实现的，资本主义创造的社会生产力、社会化的财产关系、社会经济的微观和宏观组织形式等等，都与资本关系的根本性质越来越远了而不是相反。因此从历史发展的客观趋势看，马克思关于资本主义必然灭亡的历史判断并没有过时。恰恰相反，历史已经证明了它的科学性和正确性。

第四节　拓展阅读

资本有机构成提高与企业技术进步

马克思在这一部分建立了资本有机构成理论。马克思对资本有机构成理论的研究主要从两个方面进行。首先从物质技术方面作了考察。马克思指出，要进行生产，资本必须以生产资料和劳动力两种形式而存在，这两者之间的比例，总的来说，取决于生产技术发展水平。这种由技术水平决定的生产资料和劳动力之间的比例，叫作资本的技术构成。同时，马克思又从价值方面，即生产关系方面进行考察。他指出，一定数量资本中，不变资本和可变资本之间的比例，就是资本的价值构成。资本的技术构成和资本的价值构成是密切联系，相互制约的。资本的技术构成是价值构成的基础，技术构成的变化通常会引起价值构成的变化，而价值构成的变化则通常反映着技术构成的变化。

所以，这种由资本技术构成决定并反映技术构成的资本价值构成，就叫作资本的有机构成。马克思的资本有机构成学说，在马克思主义经济理论体系中占有重要地位，有着重大的意义。马克思的资本有机构成学说，对于揭示资本主义发生、发展和灭亡规律起到了决定性作用。但同时，它对于研究社会主义企业资本有机构成的提高和技术进步，也有重要的实践指导意义。

马克思的资本有机构成学说表明，资本有机构成的提高是生产力发展的结果。众所周知，生产力的发展与技术进步和劳动生产率的提高是紧密相关的。这也就是说，技术进步和劳动生产率的提高从而引起资本有机构成的提高。随着人类社会的发展，科学技术在不断进步，劳动生产率日益提高，所以资本有机构成有愈益提高的趋势。资本有机构成提高，虽然会对平均利润产生影响，即引起平均利润率下降。但同时资本有机构成提高，又会引起资本积累的扩大，并使利润量增加。从这个意义来说，我们要发展社会主义市场经济，提高企业经济效益，增加企业的利润，必须不断推进企业的技术进步，提高其资本有机构成。

推进企业技术进步，重点在于对企业进行技术改造。技术改造的内涵十分丰富，大体上可以包括如下几个方面：第一，产品的更新与改造，含新产品开发与老产品改造两个方面。第二，机器设备生产工具的更新与改造，这又可分为，主要为扩大生产能力而实施的更新改造和主要为提高产品质量，性能和节约劳动消耗和物资消耗而实施的更新改造。第三，生产工艺和操作方法的改革，主要包括：工艺配方的改革，工艺流程及操作技术和方法的改革，生产作业线的改造、改进和调整等。第四，劳动对象的变革，它一般分为自然物与经过劳动加工的原料两大类。